遥途上的敦煌

包 苞 ————— 著

长江出版传媒

长江文艺出版社

前　言

　　定下这本诗集的名字"小银匠"时，我觉得自己就是一个痴迷于文字的"小银匠"，每天都在为这一粒粒文字绞尽脑汁。我不在乎未来，不在乎它们能走多远，我只在乎"当下"我是否尽了心力。有时候，为了一个字，或者一个句子，我会寝食不安；有时候，我也会因为诗意的峰回路转而激动得像个孩子。曾几何时，内心的激愤让我的每一粒文字都憋红了脸面，一副拔刀相向的逼迫：冷冽、浅薄、一览无余又易折脆断；渐渐地，生活和现实淬去了文字中的火焰与敌意，它开始变得柔韧而绵长。和之前的锋芒毕露、睚眦必报相比，我更喜欢这种硝烟散去的宁静。

　　当我一个人走在白龙江畔，或者走在西山梁上，我会时时反思，这种转变是否就是一种进取的失守和萎蔫？我觉着又不是。诗歌来源于激愤，但它又不是"激愤"本身，它更是激愤开出的"暗示"的花朵；它是一种关照，一种唤醒；它来自内心的真诚与良善，来自对美的渴求、呵护与呼唤，而不是咄咄的逼问、拷打与胁迫。诗歌指给了我们方向与可能，而不教唆和指令。

　　在这次结集的诗集中，我改变了之前的"编年体例"，对所有的诗作进行了分拣和归类。第一辑"大地上的云影"，大多数都是十行之内的短制，它们来自瞬间的感悟与发现。有些感觉的呈现需要不断地修复、提纯和精准地打磨。在这辑诗作的创作过程中，我像极了一个痴迷于诗意打磨的小银匠，不断揣摩、推敲、玩味，再冷却、权衡。有些句子的使用和词句的嵌入，或许会经过几十次的否定、修改，到最后也许又弃之不用；有些句子的发现、使用，或许是在开车的路上，或许是在入睡之前。曾经无数次，半夜从被窝里跃然而起，打开电脑，将一首诗中的某一个字替换掉。尽管对于电脑的无知让我付出了惨痛的代价，但正是这种沁出骨子的投入与打磨，当我找到一首诗的题目时，那些经历过的喜悦与纠结就又会呈现出来，轻易地，我就找到了它们。此刻，我真的觉着，那些诗就是我的孩子，在这个世界上，只要我在，它们就不会丢失。

第二辑是"小银匠"，这部分诗歌大致都是我在经历绝望时的阵痛之作。对于命运的无奈，我只能静下心来，看花是花，看草是草，和它们一起身不由己地摇曳，一起枯萎，除此，我还能怎样呢？就像一个内心冷寂的人，把自己的房子打扫得纤尘不染，只是为了存放孤独。在这辑诗歌中，我力求让自己的文字纤尘不染。

第三辑是"内心的花园"，这些诗歌都是我内心的独白，有欣喜，有苦闷，有希望，也有绝望。生命带给我的滋味，我希望通过这些文字还原，并把它留下来。在内心的花园里，有些花朵娇艳，有些却狰狞；有些芬芳，有些却令人掩面。这是一个立体的还原与呈现，它不仅为了赞美，也不仅为了希冀，也许，它更为了真实。

第四辑是"我的内心矗立着一座梁山"，这辑诗歌因为激愤，或许离诗更远一些，但这都是一些不写不行的诗歌。相比较其他题材，这类诗歌的写作更有难度，它需要相当的才力和智慧来把激愤转化为诗意的呈现，这也是我永远努力的方向。"如何四纪为天子，不及卢家有莫愁"并没有说皇帝如何荒淫无道，而读者却读出了为君者的悲哀；而"可怜无定河边骨，犹是春闺梦里人"也没有说穷兵黩武民不聊生，读者同样也读出了乱世的哀叹，这就是我们和经典的距离，我远远还没有做到，但我一定会努力，一定会向着它靠近。

第五辑是"远路上的敦煌"，这一辑是我对生命的思考。自从亲人猝离，命运给了我一个无法规避的冰冷话题，我彻夜失眠，一夜白头，我用近乎残忍的苦行折磨肉体，这一切，都源于我对命运的不解。直到 2015 年去了敦煌，在 158 窟看到了佛的涅槃卧像，刹那间，泪水涌出了我的眼眶。为什么死亡如此安详？为什么死亡也有一张婴儿的嘴唇？在那四壁哀嚎的背景下，佛的涅槃如花徐徐如婴寂寂，它不是大悲痛，而是大安静。那一刻，我如释重负。其实，这么多年的纠结，都是无言的抗争，而佛用他的安详，给了我答案。所有的遭际都是一种前缘，都是一种"因"上结出的"果"，所有不可触摸的"虚无"都是可感的"存在"的倒影。是你的，你就认下，不认也得认。此后，在我的有些诗作中，会有些飘忽无度神思恍惚的句子，那或许都是我出窍了的灵魂在独语。

如此五辑，只是这几年来我书写的一部分。今天，出诗集或许是一件很尴尬的事，但是我觉着如果不给自己一个台阶，我都没法给生命一个交代，所以，就出吧，好在还能出得起。诗歌写到今天，它就只是一种爱好了，如果能写出一首半首让人能记住的好诗，那真的是十分欣慰的事。可我知道，更多的诗只是一种速朽的垃圾，然而，没有了速朽，也就没有了不朽。面对这些文字，有时就像面对一批即将就义的烈士，结局已定，但赴死的心还是让人感动。因此，一本诗集，也许就是一座文字的墓碑吧。我用心堆起它们，然后默默离开。有时，荒草会顺着我的手臂爬上来，但我至少干了我觉得应该干的事。

仅此而已。

2017 年 5 月 9 日白龙江畔

注：这本计划中的诗集在出版时因为篇幅太长而分解，一本为《水至阔处》（长江文艺出版社出版），也就是原计划中的"大地上的云影"一辑；一本为《留一座村庄让我们继续相爱》（广西师范大学出版社出版），也就是原计划中的"小银匠"和近两年来写村庄、亲情的诗作一并出版；本书为第三本，也就是原计划中的"内心的花园""我的内心矗立着一座梁山""远路上的敦煌"三辑的一部合集，因种种原因，"我的内心矗立着一座梁山"所剩篇目较少，故并入"内心的花园"一辑。所以，这篇序言所说的基本上是三本诗集的内容，为了保持原序言的初衷，此文没有再做修改。

2019. 2. 1

目　录

内心的花园

远路上的敦煌

内心的花园

沿河看柳：新年致辞

水流走的，只是我们用旧了的时间，
留下来，我们变得更加久长。

每一天都是新的，我们的土地
在催促我们生长。
希望，和梦想，都在前进的路上。

失去的幸福，和爱一样，
总会以新的方式呈现，
它们生生不息。

失败成就明天，每一刻
都饱含意义。
如果叹息，或许失去。

沿河走，岸柳在向我招手，
亲爱的枝条，亲爱的飞絮，
你们都是美好的！

世界不只是花朵的，也不总是冷风嗖嗖，
遇见就是最好，拥有便要珍惜！

2016. 1. 1

新年的钟声里看烟花升空

毫无疑问，生活还在凭借烟花寻找出路
寻找转瞬即逝的喜悦

毫无疑问，尖锐的啸叫和冲决
还在照耀面孔上反复呈现的失望与悲伤

但泪水已经被埋葬，鲜嫩的火苗
已经深播黑暗的中央

毫无疑问，黑暗的天空已经松动
已经呈现崩塌的迹象

毫无疑问，昨日的墓碑和明天的纪念碑
采自同一方坚实的天空

毫无疑问，这一切，已经被瞬间照亮

2014. 1. 1

一个人出走

多远，才算远方？
多久，才起厌倦？

看旧了的山流旧了的水走旧了的道路穿旧了的
天空，唯有疼起心头
总是新鲜

和昨夜诀别
我用一整天浓云低垂的天空做准备
在暮色苍茫中
一个人出走

不要方向
也没有行李
走到不想走的地方，将故乡
埋起来
走到不想走的地方，坐下来
将泪水流尽

多远，才算远方？
多久，才起眷恋？

2013. 12. 23

灯火如流

有一颗积聚暮色的心
就有一双流淌灯火的眼睛
看，人间缤纷
都是碎裂的残片，隐匿阵痛的灯盏

角声不再。城池不再。没有恭迎
也没有相送
荒草埋住了长亭短亭，犹如灯光攻下了夜晚
彻夜，侵略者的马蹄
深陷思乡者的月光

一代人的内心已经沦陷。
一代人的女人，已经丧失了生育的欲望和能力。
有一千个理由，要求放弃。
有一千个理由相信，流出城市的灯火
只是一个时代心碎了的残片

2013. 12. 24

落了雪的世界

有一点湿润
有一点冷
有一点，说不出的静

松柏的眉毛白了
这也不是末日的景象
早有脚步
把这一切弄脏了

为了这一场雪
我对无数个阴郁的日子百般劝慰
"忍一忍，忍一忍
一切都会过去！"

雪落了
夜静了
寒冷封锁的路上
依然走着孤独的从前

2013. 12. 24

我曾是那么迷恋

我曾是那么迷恋落日的楼头
把栏杆拍遍
想一个人，想到心如弯月
泪水流干

我曾是那么迷恋阶前檐雨
把满园的绿肥红瘦
逐个问遍
问爱有多深恨有多难
问死灰如何复燃

我曾是那么迷恋滴血的誓言
偏要系于易落的红颜
每一次举杯，碎了
也是那么好看

我的迷恋，逐一地被风吹散
被生活的暴雨，生生折断
除了，独坐时
内心的，那一声轻叹……

2012. 12. 24

木鱼声声

我爱上了这静夜里的木鱼声
那是一个执着的人
在雕琢内心的寺院

我也爱上了这一声紧似一声的诘问
那是一个人的今生
在对如影随形的前世申辩

比时间还要快的敲击
告诫那案头的木鱼：放弃游弋
放弃身处黑夜底部仍有的冒泡想法

木鱼声声。木鱼声声。
这暗藏在深夜里的看不见的细小火花
既是一次剥离
更是一次艰难的呈现

2013. 12. 24

移 花

春渐深。新挖的泥土已经疏松
接连的几个晴日，阳光都渗进了泥土
借着这个好日子，我要把花盆里的牡丹
移到院子里去

我熟悉这几株牡丹的花朵和气味。我也清楚
再大的花盆，也盛不下一朵牡丹的香
只有这地砖覆面的院子里开起的小小花园
才能安放那些神秘的花蕾

就着温暖的阳光，记住每一个枝条的朝向
在新挖开的泥土中和上适量的羊粪
我就终于可以为在花盆中蜷缩了一个冬天的牡丹
舒一口气了

一粒浑圆的羊粪，就是一座百花的祭坛。
今年的牡丹，一定比往年的更大！

想着妈妈在世时说过"牡丹的香，让人觉着恍惚"
我似乎看到四月的夜里，妈妈
坐在开满了牡丹的院子里，想她留在尘世的儿子

2014. 3. 16

开满了狼牙花的小山坡

空气中弥散着甜甜的味道
早晨的风，将它一次次轻轻搅动
搅动。又朝远方吹送过去……

唯有坐下来，才能听清小草们的低语
细碎，又有些嘈杂。
"那长满了刺的狼牙花，总爱长在悬崖边。"
在早晨的风中，它们谈论着甜蜜

昨夜，一定有人来过这里
一大片青草，有着幸福的压痕
一只笨拙的鼠妇，正在费劲地翻越倒伏了的草枝
而它们对我的存在，并不在乎

狼牙花持续甜着
小草们持续说着笑着
笨拙的鼠妇为了找到心仪的潮湿仍然是费尽了体力……

除了一面小小的山坡
除了这山坡上弥散着的狼牙花的甜
它们真的，对我的到来毫不在乎

2014.4.26

鸟儿在树荫里叫着

我听到了鸟儿的叫声，但我看不见它们
我甚至分得清哪一声是忧伤的红尾鸲，哪一声是辽远的蓝
　矶鸫
哪一声是胆怯的眉鹛，哪一声是粗狂的雉
但我看不见它们

我看见阳光穿过小小的树林
枝叶闪着金子的光芒，但我看不见鸟儿
鸣叫着的，好像就是那些闪光的树枝和树叶

我试图靠近，它们就集体噤声
我试图一睹它们歌唱的风采，它们就躲进更深的枝叶深处
我用枝叶间洒下来的光斑将我深深掩藏
它们就又出现在头顶晃眼的光芒里
好像歌唱着的，真的是头顶的那一片光芒

一个早上，因为倾听，而被爱情轻柔的手指不停弹奏
一个早上，因为倾听，内心布满了温暖的波纹

2014. 4. 30

一条小路

一条小路，像一个不听话的孩子
我跟着他，穿过树林，穿过荒草披覆的山梁
就陷入了更大的空茫

这难道是一个错误的选择吗？
他越来越远离了生活的中心
但我并不想停下来
或者返回

我似乎爱上了树杈间洒下来的阳光
爱上了从山梁上吹来的微冷的风
爱上了脚下坑洼不平的歧途
和时时撕扯着衣服的荆棘

我甚至在这全然陌生的地方
嗅到了我一直在寻找着的生活的气息
久违了的
爱的气息

2014. 4. 30

在山坡上读一首诗

风，让它们走动
阳光，让它们变暖

我的双眼只是一座嵌在记忆深处的城门
我感知它们裹挟着尘土和咩咩的叫声进出
而我，就是一面被雨水浸透了的荒坡
在它们的踩踏和啃食下，渐渐醒来

啊，花朵和鸟儿们，只是幸福的两种形态
在这个短暂的早晨，逃出了生活
爬上了山坡

2014. 4. 23

注视一只雉

草丛间的雉，一直在用怀疑的目光偷窥着我
它鲜艳的羽毛，被风翻动
像翻动一堆火焰

在山谷的另一侧，树梢上的鸟儿在用纤亮的歌声
搭建爱情的浮桥

这只是三月，我和一只雉在山坡上邂逅
阳光唤醒了大地
也唤醒了万物内心的那一点情欲

2014. 4. 23

冉冉的炊烟是生活的根

攀着柔软的炊烟上溯，可以找到天堂。
可速食的日子，早已经断了炊烟。

人们不再把做饭当作过家的手艺
在他们心中，没有炊烟的日子，会更加完美
可冉冉的炊烟，是生活的根啊

在记忆的枝条上，母亲的烟火藏着说不尽的人间至味
可这已经成了传说，渐渐远离了我们的生活

没有炊烟的日子里，吃饭好像给车加油
一个速食的时代，常常错把嫖娼当作爱情

2014. 5. 29

镜子看见什么，什么就是它的生活
——试写一篇高考材料作文

1

镜子并不是为了自己才来到这个世界的。

当一面镜子挂在墙上，世界就会来到它的面前：
美的丑的高兴的忧伤的年轻的年老的贫穷的富有的
善良的邪恶的仁慈的残暴的……
然而，镜子不能选择

什么来到镜子面前，什么就是镜子的世界

2

当一面镜子有了自己的心事
这是危险的开始

难道镜子也要选择自己面对的世界？
镜子可以说真话道实情
唯独不能有自己
镜子来到这个世界，是有约定的
它只有清空自己，才能装得下世界

3

生活也是一面镜子
只有睿智的人才能看见潜藏着的自己

遇到赞美就看得见谴责
遇到困难就看得见希望
遇见富有就看得见窘迫
遇见老人就看得见自己的未来

4

墙上的镜子可以正衣冠
心头的镜子才能明得失

在得中看失
在失中看得
这就是智者中的智者

如果镜子遇见镜子
它一定什么也看不见

2014. 6. 4

高考结束，与儿书

像我无法适应这个世界的潜规则一样
你也一定是考不了高分
在这个充满了暗流的计分时代
可怜的孩子，一生下来
就像一个刑期无限的囚徒
入托，入幼，入学
多年来，美好的生活与你
只是一道道难解的方程和定律
我曾固执地要求你"怀揣梦想，热爱生活"
可穷尽了各种法子
正确的结果似乎只有一个

追求真理的道理我们都懂
但我们却都决绝地选择了舍本逐末
尽管我在内心一次次告诫自己
不要把孩子作为弥补自己缺憾的砝码
可在生活中，虚荣的心
总是将你当作粉饰败局的点缀
就像我此刻的失落
对你也是一个致命的漩涡
我该向你致以深深的歉意
还是一如既往地埋怨，恨其不争？
四周都是献给高分的掌声和喝彩

你此刻经历的苦楚，一定比我更深

我该如何抚慰你内心的伤痛？孩子

各种理由，都在今天交织成了一把锋利的锯子

拉动在我们父子纠结的心头

理论蔑视现实，却又被现实无情地推翻

孩子，哪一根又是拯救我们的稻草呢？

昨天，你还在懂事地对我说

"十八年了，你终于可以解脱了"

可在我的内心，为亲人们辛苦

永远是一种百做不厌的幸福

我能为你调制出可口的美味

却无法调制出你脸上的笑容

你也曾笑我："一个诗人，也如此地俗气"

可作为父亲，我也是一个俗人

十八年来，我渴望你健康、快乐

可十八年来，这两个愿望一直都被对高分的期望取代

只有你生病了，我才恍然醒悟

一旦病好，我又成了一个愚蠢的傻子

就像前几天，看到你穿着鲜红的T恤站在考生们中间

我并没有为你的健康和帅气自豪

而那青春的色彩，对我来说

一度，都是一张令人艳羡的录取通知书

难道这比健康和快乐更重要吗？

也许，在爱的驱使下

我一直都在干着错误的事情

也许，爱，从来都是如此自私

也许，作为父母，我们一直都把你佩在胸前

而不是藏在心底

也许，从一开始我就错误地用爱绑架了你

孩子，今天，生活第一次给了我们一个不用命题的作文

我们得共同面对

忘记那让人恼火的成绩吧，孩子

比起你的善良和正直，这些都微不足道

忘记那献给分数的掌声和喝彩吧

孩子，健康和快乐

仍然是金山也不能换取的底线

孩子，对于你，我们的爱

永远都是你的退路

这，并不需要分数来计算

约上你的同学，愉快地去享受这个盛夏吧

我已经电话告诉了你的妈妈

唯有考不了高分的孩子，才是我们的儿子

2014. 6. 10

失钻记

妻的戒指丢了
我买给她的生日礼物
戒托还在指上
钻石，却不在了
当她愕然四顾
好像将军，丢了一座城池

"不就是一粒石头吗？
谁让它那么小。"
我一边安慰着焦灼的妻
一边帮她四处找寻
可她连何时丢的都不知道
更遑论丢在了什么地方

"不就是一粒石头吗？"
我安慰着妻
我真后悔给她的生日礼物是一枚钻戒
为什么不是别的什么呢？

我明知道妻的手要做饭要洗衣
要搬沉重的货物，要干没完没了的家务
而一枚钻戒，又怎么会安心待在
被尘土和家务纠缠的手指上呢？

它又怎么会，安心待在因为风湿
而日渐变形的手指上呢？

妻子不停翻寻她动过的物什
一次次往返在一天来经过的路上
她不停抱怨，自责
好像丢了的不是钻石
而是她的命

我劝她不要再去寻找
可她就是不死心
我知道，她并不是心疼一枚石头
而是心疼她的老公多年积蓄的稿费
她是心疼那枚石头，所蕴含的人生深意

可钻石丢了，就让它丢去吧
好在幸福还在，爱还在
对于一个为家扭曲变形了的手指
戴什么，什么就是钻石

2014. 7. 2

听 雪

天国之物，必有天国的讯息
你是一，也是无计

逆万物之旅
听，来也簌簌
落也簌簌
在那相逢的路上
我是石头，向尘土投诚
还是水
在天空曼舞？

我只是借了万物去迎你冰冷的唇
你却让光
将我照亮

今夜，世界只是一张白净的床
哪里躺下
哪里就是天堂

2015. 1. 28

赏 雪

不要说冷
温暖早已惯坏了身子

不要说迷茫
道路早已教唆了眼睛

看，大地起伏的地方
阳光，种下了花朵
流水曲行
那是为你折叠的远方

爱上你
就爱上了静默
爱上你
就爱上了顺从

我的幸福多么辽阔！

即使这个世界有一万里的冷
我也会把它，一寸寸
看暖

2015. 1. 28

踏　雪

要到有你的地方去
要到你无限重叠的地方去
要到，你缓缓打开的地方去

要一寸寸深入
一寸寸融合
一寸寸地，把我
走成你

我的世界，背在我的身上
我要告诉你
我的重

我的世界，折叠在我的内心
我要一寸寸地，告诉你
我的轻

除了你的白
万般颜色我都不爱

除了深入你时骨骼的响动
这世界，再没有悦耳的声音

我为你带来
一串深深浅浅的脚印
剩下的，就是我自己

寒冷，把我凝成了你的心跳
阳光，又会把我们
双双带离

2015. 1. 28

想 雪

想雪
雪就会飞起来
去枝头
去山坡
去一切可以眺望的地方

想雪
雪就会落下来
堵路
封山
抬高眼里的世界

想雪
坚硬的就会柔软
单薄的就会丰盈
遥远的，就触手可及

想雪
雪，就会缓缓地
俯下身子

想雪
雪，就会决然地

仰起脸庞

我是冰冷的石头
却注定，在想你时
有了滚烫的温度

我是佩刀的花朵
却注定，在想你时
融为一滴
热泪

2015. 1. 29

眠　雪

在你的窗前
我会停下来
不能披在你的身上
我就等在你的门前

在每一个路口
我也会停下
不能住进你的梦中
我就守在你过往的路边

我爱着一切
白如你胸口的事物
也爱着一切
柔如你肌肤的事物

我甚至爱着
入骨的冷
和飘飞的眼泪

你看，那覆了雪的树丛
多像你含愁的额际
那无尽弯曲的垂枝
多像你

为美俯下的腰肢

今夜，天地一白
我依着月光缓缓躺下
只愿天明，在茫茫尘世
用你冰冷的唇
将我，轻轻唤起

2015. 1. 29

立　雪

唯有时间
解体
成混乱的记忆

万物和我比肩
而不语。

我是一块双目失聪
须发皆白的石头
却向天空
借来了飞翔的翅膀

没有心头的那一抹潮湿
寒冷的世上
我真到不了那么远

道路远去
耳朵就是方向
天黑了
心，就是灯光

风以雪花击面

好似笑谁

白活了人世一场

2015. 1. 31

戏 雪

留一条小路拴远方
深一脚
浅一脚

飞一只喜鹊啄寒枝
左一口
右一口

绣一朵腊梅贴花窗
上一朵
下一朵

堆一个雪人叫爸爸
高一声
低一声

喜鹊叫，腊梅笑；
娃娃跑，太阳照。

笑盈盈的雪世界
暖融融的脚印漂

2015. 2. 14

如风赋

如风夜绽，暗香梦中萦动。

披衣下床，穿书房，启花室，秉烛夜赏。幽微中，其花若笑，娇羞微微。

深夜观花，衣冠不整，有伤大雅。吾赧颜以退，焚香净手，轻拨古筝，以度宵夜。隔墙却闻群花对话：为何只开三朵？答曰：一生二，二生三，三生万物。一枝奉天，一枝谢地，一枝送与风中的爹娘。

群兰齐唱：开吧！开吧！你这妖媚的精灵，福禄寿各占一枝，却敌春风千里。窗外碎琼乱玉，斗室三枝生春。

如风者，花中极品。其香如风，飘忽不定，隔墙犹能染衣。大寒之天，其叶不凋。滴水成冰，而其花愈见姣艳。花落香不落，捡其落花置于案头，经年仍有奇香。此仍不为其怪，怪在粗俗之人难闻其香。

某夜，有君来访，以为物业索费。然此君谦谦以求："先生宅第户溢奇香，能否赐吾一观？"闻听此言，吾即令内人烧水煮茶，以待上宾。然，不日，一领导路过，说"府藏奇花，能否借观？"吾引其向前，而领导却说"言过其实也。唯冷气袭人，何来香哉？人言可畏！"闻此言，吾即刻立身送客，并喊妻速开四户，以排污气。而此人离去，其所经之处，吾濯洗三月，方才去其污浊。

经此大劫，吾不再引客观花，以示卖弄。并借此食素，自净吾心。吾斯人也，唯与如风共度！

2015. 2. 1

伐

春光浩荡。伐木的声音从水边的林子深处传来。

丁丁的声音，像一座林子沉稳的心跳，在阳光下传出很远。

循着伐木的声音，也许可以找到那个挥动斧子的人，也可能找不到。

要深入一座树林深处，找到一棵需要砍伐的树，并不是一件容易的事。

我在树林的对岸，生活了很多年。我日日沿着流水，绕行在树林的边缘，却没有找到一棵需要用斧子来砍伐的树木。

我在岸边的树下睡过觉，在雨后的林子里捡拾过蘑菇，可就是没有找到一棵需要砍伐的树木。

在这浩荡的春天，绿色已经浸透了整座树林，而一棵被伐倒的树木，会是什么呢？

也许是一个车轮，也许是一叶小舟，但无论是什么，这都让人对未来充满了期许。

丁丁的声音不停从林子深处传来，我也就有了到林子深处一看的冲动。

是看那个挥动斧子的人，还是看一棵受伤的树？

也许，我只是去看一把斧子吧。

如果天黑之前，我还不能返回岸边，就告诉我的亲人，我已经和一把斧子，融为了一体。

2015. 2. 14

流水的早晨

沿着翕动的晨光，抵达一群水鸭子尚未破灭的梦
苍茫的水面上，巨大的宁静，也会轻轻摇晃

昨夜星辰，在天亮前飞走，天黑，又会落下来
一条动荡的水，才是他们永久的家

斜坡上的垂杨，来自近郊的村子，却又自断来路
荒草隔岸，终不会坐在洗过衣服的石头上

不会脱下鞋子，把光芒之脚伸进柔腻的碧波
尘世和她，有着荒凉的距离

用一只倾听的耳朵，按住天空的流动
风吹，我也会随着微波晃动，或随苍苔，攀上大树的枝条

水从远方来，又到远方去
我珍惜她匆匆的经过，时而水深流静，时而心碎如割

2015. 2. 16

下　午

在下午的摇椅上
我和身边的事物相对无言

去年的灰尘，已经擦拭过
但它们还会落下来
从门口的台阶
到核桃木卷桌的雕花
灰尘将再一次占领它们

我无力和灰尘对抗
也无力和时间对抗
我望着风拂门帘，就想有人
推门进来的样子
但我只能凭借想象
来重现那心碎的一刻

阳光，总会从院子里的牡丹花枝
移到东房的窗棂
过不了多久
黑夜也将再次充满整个院子
但这又有什么用呢

我静静坐着，从上午到下午

也许还会坐到暮色降临
但我终会离去

生活永远都在远方
但我的梦，和这古老的院子同在
它随檐角的蛛网晃动
也随地砖缝隙的野草同生同长

我静静坐着，感觉逝去的
都在轻轻走动，并在我的心上
慢慢泛出光来

2015. 2. 25

早　餐

我越来越喜欢没有荤腥的早餐
馒头、大饼或者孩子们吃剩的米饭
这对于我，已经是满含了恩赐
但我也是一个对生活有非分之想的人
比如吃麦饼时希望有一碟咸菜
比如喝早茶时希望能用陶罐煮沸汤汁

但我越来越对油腻之物心生厌倦
想着在舌尖上消失的飞禽、走兽、鱼群
天空就在我的心上暗下来

我日日感谢上帝让我来到人间
感谢每一个早晨都有谷物抚慰我的肉体
我就日日用清淡的口味礼赞
用对荤腥的拒绝
向那些消失在舌尖的生命说一声"抱歉！"

迎着雨水成长，沐着阳光放歌
我就把自己活成一株没有阴影的叶子
累了，倦了，我就面带微笑
欣然接受泥土的招安

2015. 2. 26

家

一万块钱的房租，约等于我三个月的工资
在当下，这算便宜
一万块钱，租下四堵墙，和一块 90 平方米的冰冷地面

买张床还要多少钱？
这和睡眠无关，和梦无关
只要它不摇晃，不吱吱地响

十七楼可以步行上去
我试了，坐电梯半分钟，走楼梯四分钟不到
这是一个固执的素食者和享乐时代的差距吗？

妻子一直在收拾房子
擦马桶拖地板叠衣服铺床子
她还在不停念叨该有个挂毛巾的架子
该有个吃饭的桌子
该有个坐人的椅子

我帮不了什么
大冬天没有暖气，也没有空调
可我却觉着四肢都在发热
冷，会让一个人的身体发热
而不停干活，也会让一个人的身体发热

半夜十一点，我先上了床
床是热的
我等着妻子也来，可她一直在忙
她还在念叨应该添置的东西
可我已经觉着，什么也不缺了

窗帘尚未挂，好在这是十七楼
但妻子还是关了灯才换衣服
她说窗外远远的灯光也是偷窥者的眼睛
可我觉着，此刻躺下
像是睡在了星辰密布的天庭

2015. 3. 7

给我一把椅子

有家的地方。会有一张床
有床的家里，如果没有一把椅子
累了，我去哪里坐？

阳光照进窗口，我就倚着窗框站着
看对面楼上有人探头朝下喊
地上就有人仰起脸来答应
多好！这世上有个人回应自己多好

更多的时间，我不停在房间走动
从一个房间，到另一个
从一个窗口，到另一个
沉寂的空气，就被我划出忧伤的波纹

我也可以到床上去坐
这么多年，我已经改掉了胡乱堆放被子的坏习惯
一本正经地坐在床上
我却会胡思乱想
想我为什么来
又为什么这么焦灼无定
想累了，就索性躺下

毕竟床是休眠之所

比不上一把椅子可靠
一个男人累了
一把椅子给他的安慰无可替代
可我去哪里找一把椅子呢？

对面的山梁像椅子，坐着闲云
河水的拐弯像椅子，坐着野鹤
楼下亭子里的女人像椅子
可她拥着的忧伤比花园还辽阔

我真该找一把椅子来坐坐
可谁能给我一把椅子呢？
也许，我就是一把椅子
上面坐着另一个我

2015. 3. 8

一个人的家

问候，可以想象
等待，也可以想象
风吹动了窗帘
就当是有人侧身出门
来接我手中的疲倦

自己烧水
自己做饭
豆腐皮卷青菜
如果蘸了酱，那也算奢侈的生活

饭后坚持走步
沿途的风景，尽量少看
看多了，心会乱

如果走步到了汗湿衣衫心无旁骛
那也是人生的佳境
多少人因为失眠而食不甘味
疲倦，却会让我看见枕头就犯迷糊

一个人了，才觉着房子太大
稍走几步，都会陷入苍茫
关门即是深山啊

这宽阔的舞台上

我，终于可以任性地走上几步

2015. 3. 11

夜色中有一只尖叫的鹅

新宅的第一个晚上，我被一声尖叫惊醒，
像是一个女人，被什么扼住了咽喉，
也像是死亡，撕裂了她的肉身。

推开窗户朝外张望，夜色沉寂而无边，
除了远远的灯火像眼睛，就是一连串的狗吠。

想起白日里有人说过，在这高高的楼上，
有个女孩曾飞身跃下，我就更加为那叫声的源头担忧。
我不相信鬼魂，但我想要扯住那声已经消失在夜色中的尖叫，
可这让我的整个夜晚都疲惫而徒劳。

白天来临，夜晚丝毫没有踪迹，但我确信，
昨夜一定有什么尖叫过。
我再次俯在窗口向下搜寻，
除了行人、车流，就是尚未搬迁的几处破败院落。

所有的存在，似乎都是为了让我绝望，
直到楼对面的一棵大树下，尖叫再次传来，
我才发现，一只被绳子拴着的大鹅，
在向我拍打她洁白的翅膀。

生活洞明，不过莞尔一笑。

可那只大鹅，却从此在我心上尖叫不已。
在无边的夜色中，我会沿着尖叫走过去，
抚摸她丝绸般发光的羽毛，轻揉她被绳子勒伤的脚。

没有必要解下拴住一只大鹅的绳子，
她的尖叫对我既是问候也是警告。
谁能相信，自己的身上，就没有几根看不见的绳子呢？

2015. 3. 13

白鹡鸰

穿海军服的鸟儿
站在水边上
河水，在她的眼里流淌

三月归来，春风正浩荡
新梅万点，绿柳千行
惹得人惆怅

倏忽一声远去
平野。蓝天。纸鸢。
歌声直上天堂

2015. 3. 14

一座树林

一座树林，在村子的边上已经长大。

在所有的庄稼身边，它显得毫无用处
不用它来盖房、烧火
甚至它速成的材质做不了棺板
可它们已经长大

没有护林员，也没有可以依靠的山坡
每一棵树都在相互修正
可鸟儿们，已经把它当成了家
散学了的孩子，把它当成了乐园

为此，每天路过，我都要多看它几眼
并为它的无用，深深担忧

2015. 6. 27

趴在蓝天的水池边看云

用一面天空的蓝
养几朵白白胖胖的云彩
看它们探头探脑，却又习惯性地缩到天边

用一个窗口的空
养几朵白白胖胖的云彩
看它们不停翻卷，却又挤推不前

我希望它们永远是白白胖胖的
永远是好奇又胆怯的
永远是心存疑问却又通透纯净的
我并不希望它们长大
不希望它们内心的阴影被风吹开

每天，透过窗口看它们
就像一个好奇的孩子，趴在蓝天的水池边
看白白胖胖的云朵从这边消失
又在世界的另一边出现

我的惊喜，甚至比整座天空还要深远！

2015. 7. 5

芭　蕉

它宽大的叶子一无用处
它鲜红的花朵一无用处
它绿到发黑的颜色一无用处
它红到滴血的花瓣一无用处

它百无一用，我们还要把它种下来
种到江边
种到窗前
种到月光和半夜的雨声里

看它叶子越绽越多，花越开越红
看它越来越成为无可替代的芭蕉活在世上
一生中，不是每一个事物
都要一个活着的理由

2015. 8. 23

寒风中的大白菜

我只是在写冬天的大白菜成熟了
砍下来，码在地头

我只是在写寒风翻出了万物心头的绝望
只有大白菜还在绿着

我只是在写即使没有好的价钱
大白菜依然绿着
它们挤在一起，等着被认领

不是每一件事物都有深意
我和大白菜一样简单

我们在寒风中相遇
彼此多看了一眼

是的，即使绿色终会漏尽
但温暖早已传递

2015. 12. 11

山丹花

山丹花盛开，其它的花就会暗下去。
山丹花开在山洼里，周围的野草，给了她足够的敬意。

每一次见到山丹花，我都会想起一个人，和他写的一首诗：
一从弱质委青荒，
唯将芳心对茫茫。
细腰朱颜着急雨，
且流红泪且流香。

这是一个乡村教师，平生写诗无数，临终，却付之一炬。
只有这一首，人们口耳相传，留了下来。

每次看到山丹花，我都会想起他：
一个已经不在人世的乡村教师。
活着时，我们未曾谋面；死了，我们却在一株山丹花上相遇。
记住他时，就把我忘了吧。

2016. 7. 23

早安，寺阁山！

露珠深处
山峰涌动。
你好，早行人！

花香
和鸟鸣
——一对早行人：
一个去挑水，一个去摘菜。

山路上，
他们相遇，彼此问候：
——你早啊！

寂静中，
问候传出去很远，
每一粒露珠，似乎都听见了。

2016. 4. 30

刀 锋

火，找到了泥土中的铁
铁锤，在烈焰中找出了铁中的钢
烈焰纠集铁锤和冰水，找出了钢铁中深藏的刀锋
刀锋杀人夺命
钢铁返回泥土

肉体是会呼吸的泥土
生活，是看不见的烈焰
命运的铁锤高高举起
谁的牙板紧咬
谁的魂飞魄散
谁用短暂的生命，炼出了看不见的刀锋留在人间

曹五斤死了
到死，他都咬着牙没有说一声冤
若干年后，他沉默寡言的儿子
提着曹五斤留在人世的刀锋
杀死了看不见的仇怨

2016. 6. 16

轻轻……

高高的山坡上，黑山羊用她小小的犄角
轻轻蹭我

我坐下来，轻轻，摸她小小的犄角
轻轻起伏的山坡四野无人
只有轻轻的风，晃动满坡叫不上名字的野花

此刻，一切都是轻轻的：山坡轻轻远去
蓝天轻轻俯伏
我内心漾动的那一丝久违的温暖
也是轻轻的

轻轻的
我和一只有着温柔眼神的黑山羊
在高高的山坡上，认下了整个天空，轻轻
晃动的蓝

2016. 6. 16

逆光的叶子

美丽的叶子总是逆着光——
总是把上帝的秘密，
透露给那些喜欢回头的眼睛。
我喜欢的那个女孩子一直站在阳光里，
她留给我的，似乎只有短暂的黑暗
和微微的刺痛。

2016. 6. 16

每一朵野花的心上，都藏着上帝的秘密

又一次，在一朵野花的面前，我俯下身子
努力靠近，屏住呼吸
它纤细的枝条，还是轻轻晃动

这是我常常忽略掉的世界
混迹于无边的野草
可它徐徐展开的美丽，还是让我惊讶无比

我只能为我无法叫出它的名字而羞愧
或者，为我的大脚，曾经踩踏过它，而惶恐不已
但它此刻呈现的美，似乎刻意要嘲笑我曾经的轻慢和无礼

我该如何向它说一声"抱歉"呢？
侧眼一看，在它的身边，还有许多和它一样美丽的花朵
被风轻轻捧在手上

啊，这么多的美，曾被我白白浪费！
偌大的旷野上，似乎只有蝴蝶懂得珍惜
它们身着彩翼，御风而行
从一朵花，到另一朵
藏下了上帝所有的秘密

2016. 6. 17

沙　子

一群细小的沙粒，阳光下长出了长长的影子：
它们面朝太阳闭目拱手的样子让人感动。

没有阳光的照耀，我也就不知道一粒沙子，也有
一条黑色的影子藏在身后。
没有阳光的照耀，我也就不知道，一粒沙子，也有咚咚的
　心跳。
有时，我比一粒沙子还要绝望。

2016. 5. 2

龙胆花的内心藏着一座蔚蓝色的大海

龙胆草贴着地面生长，她有着和杂草雷同的童年
要不是在春天汲取了阳光和雨水，她也不会
在初夏开出紫色的花来

我曾一次次在她的身边俯下身子
啊，这小小的紫色的花朵，有一颗娇羞的心
也有一张迷人的面孔

她一次次混迹杂草，贴紧地面，躲开了风暴和人类的关心
这多么幸运！
要不是我在她的身边坐下来
也许，我会错过和她相识

可我什么都不愿带走，我甚至希望在百草凋敝的冬天
再次爬上这座山坡，静静地，陪她坐下来
静静地感受尘世的风，吹动我们内心那座共同的大海
和不为人知的小小秘密

2016. 5. 10

西 山

像一把老式的太师椅子
每一个风水的穴场上，都亮着
亭子的红灯笼

每天，总有人沿着山路走上去
踢腿，打拳，吊嗓子，流下大片的汗水后
又甩着手臂下山

西山和生活的关系是：一座山坐着不动
而一条路
总在出汗

一些汗珠下了山
就不见了
而有一些，还得迎着阳光走上来

2014. 7. 22

江边公园

依着流水的臂膀缓缓躺下
花要各异，草要油绿。鸟儿们代替灵魂
站在枝上。啊，江水时高时低，涛声铺满天空

唯有江边公园，不问出身。长条椅是大众情人
摇蒲扇的，推太极拳的，在晚风中都是幸福的草民
谁要摆谱耍大，狗都不会给他摇尾巴

而曲径通幽，撞见接吻搂抱，要转身离开
不要惊醒树丛深处渐入佳境的情侣们
你听，这涛声！
你听，这树叶轻轻晃动的声音！

啊，你拥有的轻松，像无限延展的金子
情侣们心头的紧张，永远是幸福的闪电，把根扎在了舌尖

而江边公园，终归是一段有着香味的玉臂
宽阔处信步，幽静处小寐
如果你对独自漫步略有兴趣，出城十里有吊桥横波，有垂杨
  系马
路边卖葡萄的女人，会邀你去她半山上的家

2015. 8. 9

春天，修一座房子

早春的阳光中，他们一边编织房梁中的钢筋
一边向我叙述他们的打算：条形基础。水泥浇筑。一砖到顶。
　　铝合金门窗。瓷砖贴面。
在他们信心满满的描述中，身边的事物都闪着光

其实不用说，我也能猜到
村上的青年男女大多和他们一样
怀揣这样的梦想外出
有些三五年就能实现，有些却要更长的时间
还有一些，出去，就不再回来了

是的，五年的离散，再加上一个春天的垒砌
这座光鲜的房子就会在村上立起来
接下来，他们继续外出，去挣孩子娶媳妇的彩礼

这样的想法有错吗？
至少在这个春天，这样的想法是他们内心梦想的钢筋
每一个漫长的日子，都比砖块沉重
但没有这个想法，日子就会散乱

他们向我叙说时，我不住地点头
我的父母也曾穷尽一生修建了一座光鲜的房子
如今已经空了多年

我这样想时，他们的孩子正在一旁愉快地和着泥巴

他此刻的幸福我也有过，可我从内心并不想这座房子很快建
　起来

2016. 3. 25

天空暗下来，月亮就开始发光

快去拯救那些即将消失的事物吧！
不是黑暗来得太突然
而是光明去得决绝

在所有的星辰中间，月亮是光芒的长子
习惯了不去僭越，也注定
是重振江山的孤家寡人

太阳落山了，浮世的心就乱了
漫天都是细碎的光芒：尖刻、易逝、矫枉过正又自以为是
即使看不见，也是潜藏的短匕

这注定，是一条颓废的不归路吗？
好品德，只能赢得叹息
万物和我一样悲伤：天空暗下来，月亮就开始发光

2016.6.20

自画像

头发已白，但不是雪，更类似灰烬
顶上，是空茫的天空，和日渐稀少的时间

十年前的大肚腩，终于丢在了和自己较劲的路上
太阳和风，按照它们的想法
雕刻了我的容颜
它们不在乎我喜欢不喜欢，一如
我用命运雕刻自己的内心，也不在乎别人喜欢与否

我有满脸的胡须，不时会刮去
我有花白的头发，时时会剪短
我曾有复杂的想法，但现在，一天比一天简单

吃五谷和蔬菜，偶尔饮酒。爱好养花
和徒步；爱好闭上眼睛打坐，睁开眼睛喝茶
前半生，我在世上留脚印，后半生，我在大地上种花
累了，就在路边坐下来，静静感受云朵的影子
展开内心的疆域……

2016. 5. 15

蓝色的矢车菊

不是因为遇见，就叫她矢车菊
也不是因为蓝色，就叫她
矢车菊

满满的一坡矢车菊，全部盛开了
不是因为逆着阳光，也不是因为
顺着风

满满的一坡矢车菊，全部盛开了
不是因为无端怒放，而是
内心笃信

蓝色的矢车菊啊，因为爱
内心曾涌动大海

蓝色的矢车菊啊，因为等待
月光，也氤氲成了忧伤的小火苗

蓝色的矢车菊啊，在这初见的早上
爱，用一面山坡
来屯积

蓝色的矢车菊啊，在这遇见的傍晚

命运，有一个美丽的拐弯
安放着巨大的惊喜

2016. 5. 15

小雏菊

早晨的阳光穿过树叶，打在一丛盛开的小雏菊上
紫色的小雏菊，不摇也不晃

秋风吹动了枯叶，能怎样？
阳光照亮了昆虫美丽的花纹，又能怎样？
小雏菊，只是安静地盛开着
此刻，只有紫色的花瓣，是她的
只有停泊在内心深处的安静，是她的

在她的身边，我静静坐下来
阳光再一次穿过树叶，打在她的身上
阳光没有说"你好"
但我感到她宁静的内心，微微，动了一下

2016. 10. 2

鼾病科

大叔们病了。他们用发乌的嘴唇
讲述一个个惊悚的夜晚
"睡眠，曾是多么温暖的词啊。"
如今，平静的夜晚，无法托举他们超重的身体

总是一种溺水的感觉
总有一只手，潜藏在睡眠的深水区
救救我们吧，救救我们多梦的身体

面无表情的医生，是否会在心里偷着发笑
"你看这家伙超重的躯体
他一定有一副超难看的吃相"

鼾病科娇小的护士
看惯了大叔们断裂的睡眠曲线
已经开始集体减肥
而幸福的时代，正在经受着集体失眠的折磨

2014.1.14

打老虎

老虎并非都在景阳冈
不要让苍蝇蒙蔽了武松的眼睛

有白骨的地方一定有苍蝇
苍蝇吐出的白骨并不比老虎吐出的少

苍蝇长大了，也可能就是老虎
老虎可以用棍子打
苍蝇呢？

苍蝇进出的地方
首先要搞好卫生
没有了苍蝇，老虎就会成为朋友

2014. 3. 18

心　魔

人人心中，都有一个悟空
呼风唤雨腾云驾雾

人人心中，都有一个八戒
拈花惹草好吃懒做

以心养猴以心饲猪，不见得有啥不好
有只猴子上跳下蹿有头懒猪哼哼唧唧
总比心中啥也没有要强许多

就像此刻，我双眼紧闭竹椅轻摇
就着乡下越墙而来的夜风
放飞上跳下蹿的猴子
偷仙丹盗天火揪住玉帝的隐私暗结妖怪的死党

说实话，天下的师父一样可恶
如果没有正果引诱，他们才不去翻山越岭
作秀一样忍受妖魔的摆布

可猴子不同。他宁可忍受紧箍咒的摧残
也要向人间的不平抢上一棍
而贪吃的八戒，更像一面照向灵魂的镜子
比道貌岸然羞耻全无的人

他的好色实在可爱
和他相比，普天之下谁是柳下惠？

唐三藏可以不要，西天可以不去
而上跳下蹿的猴子哼哼唧唧的懒猪
对于一个男人多么重要

就像此刻，夜风吹着，群星泛起
猴子天边放火，八戒街头垂涎
噫，微斯人，吾谁与共？

2014. 7. 8

劝　慰

原谅她的粗鲁和低俗吧
原谅她的冷漠
原谅她对我们的懈怠与轻侮
每个人的背上，都背着一座医院
这是逃不掉的。或早，或迟，我们都将因它
而卑贱地活着，苟延残喘。
或迟，或早，我们此刻忍受的
她将同样经历。原谅她吧
甚至可怜她的未来，必将面对
更巨大的冷漠，和懈怠

2014.11.06

一个瞎子在用手中的石块
不停敲击法院紧闭的铁门

一个瞎子，站在春天的街道上，
手握石块，不停敲打法院紧闭的铁门。

铁门，不会因为他的敲打而一下子打开。
过路的人，也不会因为他是一个瞎子而停下来。

他不停敲打着，并不大声喊冤，似乎，他只是要用他简单的
　重复
告诉这个春天，他没有放弃。

我经过他时，他的脸正朝向早晨的阳光。
他经过的一切，正在他脚下的那张破旧的纸上慢慢变得模糊。

他不停敲打着，没有人停下来。
好像在这个春天，瞎掉的不是自己，而是这个世界。

他不停敲打着，繁忙的城市里，好像只有石头和铁
在春天的阳光中替他喊冤。

他看不见人们脸上的茫然，但他坚信
即使整个世界都瞎了，也总有一双看见他的眼睛。

一个瞎子，是什么牵引着他，穿过城市密集的车流呢？
又是什么，让他对这个春天深信不疑呢？

而他手中的石头，会不会渐渐变得温暖，钢铁的大门
会不会感到一下接一下的刺痛

这些，都是困扰一个过路的外乡人的奇怪念头。

可一个瞎子，出现在城市繁忙的街道上
无论为了什么，他已经让这个春天十分慌乱

2015. 4. 3

燕子飞满了盛夏的天空

写下这个题目时，天空是寂寞的。但曾经密密麻麻的燕子，啸叫着，从天边远远压过来，又掠着头顶扭旋远去，像一张神奇的巨网，在打捞着什么，也像是飘忽的长舌，舐舔着暮色。

写下这个题目时，天空一直在怀疑。那飞过头顶的燕子，比雨点还要密集，可怎么就没有粪便淋着行人呢？其实，有心的人，曾经目睹燕子，口衔遗矢，投往城外的田头。可人们一直以为，飞过头顶的燕子是干净的。干净得从不拉屎。就像小时候看到美丽的姑娘，一直以为，她们美丽得不上厕所一样。（美丽的女孩，难道也上厕所？也蹲茅坑？）

写下这个题目时，小城的文庙大殿已经被摩天大楼取代。可人们的心上还有一座钩心斗角飞檐斗拱的夫子大殿正襟危坐。千百年来，它一直都是飞满小城天空的燕子们的集体公寓。那一年，当人们强行拆开它过于神秘繁复的内部构造，让整个时代都显得尴尬、茫然、手足无措。他们甚至无法还原一支掉落的木质构件。可一个时代要站起来，它会听不见所有美丽的尖叫。

写下这个题目时，高耸的摩天大楼已经取代了文庙矗立在小城寸土寸金的胸口上。有时候看它，像一把插在小城胸口上的尖刀，直指天空的虚无。可无论像什么，它不再是燕子们的集体公寓。

写下这个题目时，这个发展了的小城，这个天空不再飞满燕子的小城，日日困扰于交通的大面积脑梗和思想固执的偏头痛。有些得了失心疯的老人总会在弥留之际喃喃自语"大殿里的燕子，大殿里的燕子"，可究竟要说什么，没有人能听得懂。似乎那些曾经飞满小城天空的燕子，就是一粒粒医治这个时代偏头痛和失心疯的奇效药丸；也似乎那些铺天而来扭旋远去的燕子，是这个城市久久失落了的魂魄。可无论是什么，燕子已经不再飞满小城盛夏的天空。

写下这个题目时，我的耳际还一直啸叫着大殿拆倒后，失去宅第的燕子们的惊恐和绝望。它们无日无夜地盘飞、啸叫，直到有些坚持不住了的燕子猝然掉下来。环卫工人在清扫它们的尸体时发现，那些死去的燕子口角都噙着血。这又似乎证明它们死于歌唱，死于赞美，或者，死于诅咒，但一定不是死于飞翔。

三天之后，除了街道上羊屎样的燕子尸体被清扫、收集、拉到城外焚烧填埋，其他的都不见了，也好像燕子从来就没有在小城的天空出现过。

写下这个题目时，也许这篇文章，就只剩下一个题目，再也没有真正的内容。但我执意来写，好像那些消失了的燕子，都藏在我手指间书写的笔管里的墨水中。我连日来失眠，心悸，乃至胸闷气短，好像都源于它们彻夜在我血管里冲突和啸叫。

写下这个题目时，好像打开了一座牢狱，消失了的燕子就哗啦啦飞出来，再次飞满了小城盛夏的天空。

其实，我并不想写，但我似乎又没有办法。我写下燕子飞满了小城盛夏的天空，就好像说出了一个真相。

只有这一句，是真的。

我说出的永远不是真相

1

我一直都在破败的身体上绣花
用疼痛，缝补岁月的漏洞

白天，我是藏在光芒中的黑
夜晚，我是肋缝里侧漏出的光

恨中，我是宽恕
爱中，我是永远都剔不尽的，那一点点绝望

2

在镜子里栽花，在井水的深处喂养一枚月牙
时间，都给了他们成熟的机会

用一生的时光修一座房子
我把黑夜里摇曳的那朵火焰，叫新娘

人世上，我陪路遇的花朵凋谢
天空中，月亮用孤独搓一条绳索，引我回家

3

花朵也有细密的皱纹
时光的探针，会释放出赞美

风雨交加的夜晚，是一只心怀破碎的花瓶
蓝天的后花园，养着闪电

石头尖叫了一声
却没有人听见

4

我就是那个彻夜都在梳妆的红烛
也许谁都没有等

我在自己的镜子外枯萎
又在镜子里盛开

我在光芒中埋下眼泪
又把光芒，长出来

2016. 3. 13

调　查

多年来，总有人会追问起一件在查缴过程中丢失的青铜鼎的
　下落
也总有人，会重启调查程序
但每一次调查，都无果而终

那件青铜鼎遗落在现场的残足，长达 1.5 米
专家推论，如此重器，一定布满了精美的纹饰和大量的铭文
但它却在众目睽睽下，丢失了

有些人拍桌子
有些人郁郁而终
可丢失的鼎没有丝毫音讯
我私下问过一位参与调查的人，他告诉我：
调查就像潜水，到了一定深度，你要不浮上来，要不
溺毙

2016. 10. 13

低保，和其他

　　毫无例外，他们也在讨论低保、灾后重建、退耕还林和危房
　　改造。
　　劳动时，吃饭时，拉家常时，他们的话题几乎雷同。
　　但他们并不脸孔涨红，只是显得有些疲倦。

　　"有啥办法呢？两万元的重建款只给一万七，总比不给
　　要强。"
　　"有啥办法呢？土地快卖完了，钱却不知道干啥了。"
　　"有啥办法呢？要不是征了地，我们也不会有低保。"
　　"有啥办法呢？有啥办法呢？"
　　他们平静地讨论着，像谈论一件与自己毫不相干的事情。

　　劳动过后的饭桌上，他们再次谈论起了低保、灾后重建、退
　　耕还林和危房改造。
　　这次，他们的脸孔开始发红，声音渐渐大了起来
　　有的人拍了桌子
　　有的人只拍自己的大腿和胸脯
　　有的人，也只是低着头，把酒
　　狠狠地喝下去……

2016. 9. 14

永安街

如果要上溯，不远处，就是永安街乡土的童年

游丝状的线索，在苍茫中游动，成长
好几次，都快要断掉了
啊，那痛苦的扭动，至今留在记忆的深处

穿过最后一垄田陌，穿过脏乱的城中村
人们要叫他"永安街"
这刚脱下草鞋麻布衫的身子，怎么也适应不了西装革履
怎么走怎么都觉着别扭

一条街道也会脸红也会害羞啊
洗脚房怎么了？
游戏室怎么了？
小吃馆怎么了？
这都值得一条街脸红吗？

一条叫"永安"的街，并不比谁承受得少
他看到了一切听到了一切感受到了一切，却无法说出来

2016. 5. 19

盛世之猫

抓住耗子的，未必是猫
这已经是公认的真理

抓住耗子的，也许是狗，也许不是
但猫已经不太关心

和抓耗子相比
顺着杆子爬上去也许更重要
杆子上面，有比耗子更大的诱惑

这个世界处处都在抓耗子
唯有猫，看透了一切

这个世界，耗子也在抓耗子
猫说：妙！妙妙妙！

2014. 1. 30

鸡犬升天

鸡犬升天，就成了仙
成了仙的鸡犬
总是高人一等

以前摇过的尾巴
现在高高昂起
以前报过晓的鸣叫
现在要分出个美声
还是通俗

谁又能说鸡犬不能成仙呢？
谁又敢说鸡犬不能成仙呢？
鸡有鸡行犬有犬道
唯有人，尝遍了人间苦辛
终了，还得接受鸡犬的使唤

做人苦，苦就苦在每一个人的内心
都有一个说教的嘴唇：忍一忍
忍一忍，忍过了
也许，你也能得道
升天

2014. 3. 28

叶公好龙

龙在云中
叶公就爱它
爱它的云遮雾罩
爱它的见首不见尾

龙在墙上
叶公就爱它
爱它画上去的矫健威猛
爱它捋须磨牙时的神色不动

龙在文字中
叶公就更爱它
爱它被一支笔驱来驶去
爱它被一张嘴呼来唤去

龙是个好东西
镇四方，吓唬人
什么画龙点睛困龙破壁
那只是文人们无聊的精神自慰
真正的龙，永远都是一条
深藏在内心，抽打人的
鞭子

2014. 3. 28

刻舟求剑

剑为何物？
剑为锋利之物
伤人，亦可自伤

舟为何物？
舟为运载之物
可来，亦可往

刻舟，就是在曾经的过往
种下一个伤口

岁月丢了，尚有皱纹和白发
爱情丢了，尚有记忆和隐痛

没有回去，未必就不能抵达
伤口，是一个码头
记忆是一条大路
疼痛起时，锋利失而复得

2014. 4. 13

天空暗下来，月亮就开始发光

王夫刚

　　四年前，我和包苞在北京遇见，并且，以文学的名义，在同一个大院，同一幢楼，同一个教室，度过了几个月的晨昏更替。包苞来自狭长的甘肃，被指定为这个临时性群体的支部书记，所以，有时大家会喊他"马书记"——调侃属于意会言传的东西，包苞并不做辩驳，一概笑纳。

　　黉夜论诗的京华时光是闲适的，随意的，对于包苞来说，也是痛楚的，亲人的连续变故使他不得不几次往来于北京和陇南之间，几乎可以断定，这也将是包苞生命中最为痛楚的经历。一年后，他在老家写下这样的诗句："想着妈妈在世时说过'牡丹的香，让人觉着恍惚'/我似乎看到四月的夜里，妈妈/坐在开满了牡丹的院子里，想她留在尘世的儿子"。儿子还留在尘世，妈妈已像牡丹的香气那般恍惚了——寄托于思念中的爱，孤独而无奈；记录寄托于思念中的爱，荒凉而幸运——无论如何，诗人之心须由诗歌来慰藉和拯救，在这个问题上，我和包苞的选择殊途同归。

　　《内心的花园》并非一本诗集的名字和一本诗集的完整构成，不过，我愿意按照一本诗集的规格完成这次阅读旅程：六七十首诗，足以支撑我对包苞当下写作状态的局部窥探。印象中，包苞喜欢微笑，其作品也散发着一种温和、宽容和"用针挖井"的耐心，这与他貌似粗犷的形象不尽吻合："阳光再一次穿过树叶，打在她的身上/阳光没有说'你好'/但我感到她宁静的内心，微微，动了一下"；或者，"除了一面小小的山坡/除了这山坡上弥散着的狼牙花的甜/除了这轻轻地搅动一切的风/它们真的，对我的到来毫不在乎"。

古往今来，艺术都是自由的事业，各取所需，各得其所，包苞通过观察，提纯，挽留，以静制动，由此及彼，告诉读者"美即此刻"且渐成风格，间接践行了博尔赫斯"只对平凡的事物感到诧异"的论断，我们或许有不喜欢它们的理由，但更多的应该是喜欢它们的理由。其实，对于有航向的写作者来说，褒扬和批评大致是一个意思，止于此无可厚非，不止于此理所当然——记得以前和朋友谈论包苞的作品，我曾表示过"喜悦之余的忧虑"，换言之，包苞作品中温柔超标的那一部分，虽然为他赢得了掌声和拥趸，但弗罗斯特"终于智慧"的写作教诲始终具有比"春风十里"的常规抒情更为含蓄的杀伤力，在几近不设门槛的网络时代，我们见到的以诗歌名义获取浅表性欢乐的爱好者不是太少而是太多了。爱恨交加的世界，既有阳光也有阳光下的阴影在沉默，既有鲜花也有鲜花下的荆棘格格不入，前者美好而后者意味深长——在我看来，遭遇美好是写作的最佳选项，其次是意味深长，再其次才是分享美好派发的公共福利，天下好诗，概莫能外。按照这个逻辑，我喜欢冷峻的包苞甚于热情的包苞，喜欢隐秘的《内心的花园》甚于唯美的《内心的花园》："每次看到山丹花，我都会想起他：/一个已经不在人世的乡村教师。/活着时，我们未曾谋面；死了，我们却在一株山丹花上相遇。""如果天黑之前，我还不能返回岸边，就告诉我的亲人，我已经和一把斧子，融为了一体。"——命运的逆向拷问泪中带笑，不卑不亢，不仅没有减灭抒情的温度，反而呈现出水火相容的共鸣和震撼。包苞不动声色地向我们展示了灵魂暗泣的诗学美德，不因沉重而绝望，也不因孤芳自赏而众叛亲离，这样的文本方能无愧诗意的复合考核，方能在构筑自我诗学体系的过程中逾越自我，带给读者更多的惊喜和道理。

当然，既不迎合读者也不无视读者，既能和斧子融为一体也能随时从斧子中抽身而出，不负天赋的私有馈赠和诗神的递进期待，对于成熟的诗人来说，也不过是虚拟的答案回答了虚拟的问题。事实上，《内心的花园》随处可见作为诗人的包苞通过自我求变实现外观内省的努力："当一条河终于长大，阳光也无法照见它的内心""万物和我一样悲伤：天空暗下来，月亮就开始发光""西山和生活的关系是：一座山坐着不动/而一条路/总在出汗"……这里所说的自我求变，不是形式主义的揭竿而起，而是人性在去除障蔽的进程中降低物欲的比例，提高道德的智慧指数，就如惠特曼笔下那入海处逐渐扩大并展开的河口并非赞美河海一样。包苞听从心灵的召唤，写下可期可许的诗篇，试图逼近"无用"的真相，在那里，河流不需要长大的理由，月亮不需要发光的理由，生活不需要出汗的理由，需要理由的是人类，死于理由的则是"有用"的人类。

那么，诗歌之于现实究竟是分娩还是赴义？包苞一度为之纠结，认为一本诗集不过是一座文字的墓碑，我倒觉得，墓碑没什么不好，伟大如地球者，又何尝不是宇宙的一座小小墓碑呢？叔本华说，很多人以为买一本书就等于买下了整本书的内容，这里不妨借用一下，很多人以为写几行断句就算诗人了，其实不是那回事，诗无达诂而地平线只能在远处，韩愈断言"李杜文章在，光焰万丈长"，赵翼却声称"李杜诗篇万口传，至今已觉不新鲜"，所谓知音，是双向选择和动态存在，并非恒定价值的工业生产线，大可不必杞人忧天。博尔赫斯认为，写作是一种重要的享受，包苞尝试了诗，也尝试了人生，拥有一座内心的花园，还拥有一个渴望实现且正在实现的园丁的理想，这一切都是命中注定，而命中注定的东西，允许得到朋友的即时祝福、生活的有限理解和光阴的滞后认证——所以，最后，我要再次祝贺诗人包苞，无论他孤军远行，还是在内心的花园解甲归田，诗歌都已贡献了自身的要义。

2017 年 5 月，济南舜耕路

王夫刚，诗人，1969 年 12 月 26 日生于山东省五莲县。著有诗集《粥中的愤怒》《正午偏后》《斯世同怀》《山河仍在》《仿佛最好的诗篇已被别人写过》和诗文集《落日条款》《愿诗歌与我们的灵魂朝夕相遇》等，曾参加第 19 届青春诗会和第 11 届青春回眸诗会，获过齐鲁文学奖、华文青年诗人奖、柔刚诗歌奖和《十月》诗歌奖。中国作家协会会员，首都师范大学驻校诗人，供职于诗刊社中国诗歌网。

一次苦心与焦心之旅，或许一次斗胆的冒险

周所同

包苞成名已久，是个内心锦绣、一边走一边留下扎实脚印的诗人；他低调、谦虚，为人憨实，从不跟风也不大声喧哗，是那种愈写愈静也愈慢的诗人；一个好诗人应有的姿势及境界即是如此。

包苞说："我的一部分诗是激愤之作，离诗远一些，但不写不行。读完这些诗，我认可他不写不行的因由，至于离诗远一些的说法，我表示存疑，他一向自谦的背后，其冷峻、严肃的思考、揭示、鞭笞和解剖式的抒写，不啻是一种提醒、告诫以及纠结太久、不吐不快的释放；一个诗人胸中有块垒，有心病和激愤，是因为有担当和责任；光芒与阴影并存，只有阴影才能说出事物的真相；艺术也讲辩证法，一个因美因爱因内心的锦绣写诗的人，其实，他一定隐忍了许多不为人知的困惑、黑暗和煎熬；而实在忍不住写出这些诗，等于进一步表明了他对美对爱的一贯立场与决心，这是不用怀疑的。

应该说，写这类直接针砭时事、鞭笞丑恶、揭示人性深处的某些阴暗的诗，是诗人为自己设置的更高难度的写作，要考验一个诗人的综合素质和功力：其一，在揭示批判的同时，掌握好入诗素材的界限与分寸；其二，将激愤之情上升为审美之情，其间的弃取，更需要智慧的驾驭和艺术的转换；其三，诗中的棱角与刺，指向并达成和谐，呈现出诗人的哲学背景与精神气象，除了

诗性的表述，还要检验诗人的冥想能力和勇气及境界；以上所说，包苞做到了，而且做得挺好！我们有理由相信，这是一组严肃的现实主义力作，诗中的现代意识和现代表现手法，使这些诗与当下的时代生活相辅相成，其强烈的艺术感染力及品味，因不可多得更加珍贵。

我想指出的是，时下，同质化、格式化、无区别写作和唯美倾向太过泛滥；有病呻吟，无病也呻吟，闲情与滥情一哄而上，无限度放大空虚、盲目、矫情的作品太多；现在，是时候也应该提出久违的话题：诗歌的本质是什么？创作的规律应该遵循什么？其意义与指向包括应具备的精神是什么？尤其是在大变革的今天，不进则退更加严峻、迫切；诗有个体的属性，也有大众的需要，诗歌的美学原则，从来都讲人民性与艺术性一致，任何偏离，都不科学。为此，我要向包苞诗人致敬！他以诗人的良知、担当和勇气，艺术地实践了"文章合为时而著，歌诗合为事而作"的主张，写出这样沉重、警世，以期疗救的作品，无论从哪个角度讲，都具备了存在的意义、审美的价值、流传下去的可能，以及时间的长度；当然，对他而言，这是一次苦心与焦心之旅，或许也是一次斗胆的冒险，至于成败，交给广大读者评说好了；我在春夏之交读完这些诗，随意记下这些文字，虽不成体系，也未具体剖析，但这些概说的后边，我还是看见这位西部偏远的诗人，他总是笑着，一脸和善地走来，内心的沟壑与他身后的高原叠在一起，那种土腥干涸的背景隆起来，一生的渴念与诗都长在那里；他内心的锦绣同爱与美一起，成为生命中不可或缺的元素，所以，在他向往的路上，容不得半点玷污，更容不得黑暗挡道横行，从这个角度去理解，这组诗不妨看作他保卫战的宣言，其逆袭的力量因了正义，一定会胜利并流传下去！这是我的祝福与期待。

周所同，祖籍山西原平市。大半生做编辑营生，爱诗写诗近半个世纪，出版诗集 3 部。发表中、短篇小说，诗文评论，散文随笔百万余字，参与编选各种诗歌选本 30 多部。曾获诗刊社举办的中国首届诗歌大奖赛金杯奖，诗刊社年度优秀奖两次，以及赵树理文学奖等。曾被山西省委、省政府授于省劳动模范光荣称号，有少量作品被译介到国外。

远路上的敦煌

在路上

1

在寂寞里
在动荡中
每一步，都有着摇摆不定的茫然

曾为明天举步
现在，更多地为昨天坚持
我甚至不能把握此刻
以及此在的颠簸

我顺应时光的流逝
爱上逆来的风
以及擦肩而过的匆匆行色
和车辆
包括他们身上的尘土
心上的疲倦

陌生人，我更愿相信
你就是我多年前在暮色中走失的亲人
我们沿着记忆的街衢相逢
却并不敢
相认

2

我总是有着过于浓郁的乡愁
抗拒浮浅的幸福感

我总是一手制造回忆
又一手丢弃

我一次次返乡
又一次次，带着失望离开……

3

秋天，是因为死亡
才更加辽阔吗？

风吹动路边干枯了的玉米林
也吹动玉米地边
掰玉米的女人头上失火的红头巾

秋天，因为辽阔
才接纳如此广袤的死亡吗？

4

我又一次穿过北方乡村

穿过我所熟悉的道路

我又一次对深爱的事物
闭口不谈

我和秋风同行
捂紧各自的内心

我们举杯豪饮
却在异乡的街头呕吐
或者失声痛哭

我宁愿在某个雨后的清晨
被秋风深深掩埋……

5

不要叫出我的名字
不要拍我的肩膀

如果你在异乡的街头遇见啜泣的人
就一定要装作陌路
低头走开

风卷起的落叶是谁的心？秋光万丈
那都是一寸寸，楔入了骨缝的寒冷

6

秋风抚摸过的地方
树叶开始亮起来
他们知道死亡
不过是一盏盏滑向黑夜的灯
一片树叶安慰另一片
一片树叶温暖另一片
秋风中，他们因为激动
微微战栗

当我穿过一条燃烧着的河谷
我分明听到了庆典的欢呼
含泪赞美盛夏的烈日
并为眼前的永别高歌
一条路，从他们脚下蜿蜒远去
直抵永恒

7

而我也曾因分别心碎不已
绝望地牵着亲人的手臂
一遍遍呼唤上苍

我用回忆擦拭明月
并把微笑佩在脸上

我珍惜现有的每一天
祝福每一个与我擦肩而过的陌生人
我祝愿他们双亲康健心存友爱
我也祝愿那些心存怨恨的人被爱拯救

我也祝愿和我一样
在夕阳下驱驰的人，在今夜
找到归宿

2014. 10. 6—2014. 10. 12

路从云端飘下

走吧，到远方去，
到歌声升起的地方去
到泪水落下的地方去

走吧，到初见的地方去，
到分手的地方去
到心口喊疼的地方去

走吧，到躺过的山坡去，
到哭过的路口去
到劳作过的田头去

走吧，走吧
路从云端飘下，
天空俯下身子
已经没有什么使我留恋

蔷薇花开满了未来的道路
天空中布满了光芒的椅子
我已经迫不及待
让风，把我吹散在路上

2015. 1. 15

寒 冷

寒冷带给我的
我将珍藏。

不渴求四面都是光
都是花香
和炉火。

我双手抱肩
安慰自己
亲人永无相见
泪水还在世上

飞鸟坠入迟暮
我在收集星光
谁贴肉
谁就是我的衣裳。

寒冷带给我的
我加倍珍藏。

2015. 1. 18

相　遇

望着你，像望着我的前世
望着你，像望着
我的来生

世界在流动
生活，在流动
命运，像一次浩劫

一夕，会是一世吗？
一次回眸
会是一世吗？

世界，在被风吹散
时间
停留在你幽蓝色的
眼眸深处

望着你，像望着
一次浩劫

2015. 1. 18

我喜欢的路上没有人

我喜欢的那条路
傍水，沿山，在人间缓缓升高

沿河的风，清理那片慢慢展开的天空
更多的时间，头顶蔚蓝
钢蓝，或者宝石蓝

我沿着那条路去山顶
路上碰不见一个人
那是一条漫长的路啊
缓慢地爬升似无尽头

但我爱着这条路的狭窄和缓慢
爱着它穿越山谷和峭壁时深沉的寂静和安恬
爱它一路向下的流水捧举落花
爱攀上了石头的苍苔有着时间柔腻的另一面

我向路边的马兰花招手
交换关于灵魂和香味的看法
也向盘旋在头顶的鹰鹞掷以长啸
探寻前行者的踪迹

尽管路边长满了高大的树木可以避风躲雨

但我仍会心生倦怠：这何时是一个尽头呢？
有时，还会陷入山穷水尽的困境

可我总是爱着这无人扰动的寂静和孤独
爱着一个人独自向前
走着，走着，只剩下自己

2015. 2. 4

我只是一块行走的墓碑

我时时警惕自己的言行，省察内心。

时时，用一块看不见的手帕，擦拭自己。

我感念父母的恩情，铭记生活的宽宥，

把他人的好，写满内心。

我照看尘世的亲人，要他们健康，

告诉子女，活着要有方向。

除此，我要删掉一些多余的枝叶：浮华的、贪欲的、名利的、

　机巧的。

我就是一块行走着的墓碑，

背负往世的荣光与骄傲，记取舍弃和牺牲。

2015. 4. 2

我的内心住满了绝色的美女

我是一个正在老去的人，可我的内心，住满了绝色的美女。
她们在我的内心不停走动，叹息，或者脱下衣服洗澡，
我的身体里，就充满了水声和淡淡的香气。

她们都是一些爱美的女人啊，
替我收拾弄乱的屋子，为我泡茶、跳舞，
累了，就用妩媚的容颜勾引我。

有时候我闭目养神，她们就站在我的身后，
轻轻呼气撩拨我，或者胡乱翻我案头的书籍；
有时候，我忽然觉着，屋子里的每一片花瓣上，
都藏着一个美女，
甚至窗帘的背后，沙发的褶皱里都有。

我和她们一起吟诗作对，品茶论酒，
困了，就相拥而眠。
也许，她们就是我的一个手指头，一根头发，一声叹息，或
　　者一滴眼泪；
也或许，她们就是我自己。
我们有时候是分开的，有时候，又合为一体；
有时候，她们被别人勾引走了，
我就满世界去找她们。

2015. 4. 4

每个男人的内心，都藏着一个荡妇

灰尘正在缓慢落下，而正午的雄心，总会消沉。

紫色的窗帘后面，日子，常常疏于倦怠和无聊。

锁着房间的三把锁，在某个困倦的时刻，会集体失效。

轻佻的食指，嘲笑一本正经的拉链，

道德的第六指，轻解西服的第二颗纽扣。

人人都有一根藏起来的尾巴。

不只是钢铁，在时间中无助锈化。

每个男人的内心，都藏着一个荡妇。

筑牢道德的房间，只是为了将她，藏得更深。

2015. 4. 20

我的内心有一个魔鬼

在衣冠楚楚的深处，在温文尔雅的背后，在正襟危坐的底下，在振振有词的反面，另一个我深藏不露。

他阴暗、猥琐、卑劣，甚至邪恶、无耻。像一条尾巴藏在体面的后面，但他，终会露出来，终会，暴露我不为人知的一面。

一生中，我用大量的时间学习教养用来劝服、招安，只为将他们深深藏起来。

一天中，我对每一个向我走来的人微笑，点头，只是怕他们看出我内心的端倪。

我为此谨小慎微胆战心惊，甚至低三下四，而他，似乎在我步步惊心的后面，存在得更加心安理得，更加恣肆张狂。

我穷尽一切办法，总是无法将他擒住，更不用说论罪正法。

我甚至动用了刮骨疗毒壮士断腕，但他仍然像一条影子的尾巴，像一块显眼的胎记，像一种深嵌在生命里的隐痛，无法剔除。

看不见，不见得我没有。没暴露，不等于我不是。我甚至一次次为他心碎绝望，一次次，朝着自己的脸上吐口水，但我始终没有屈服，没有放弃。

有时候我觉着，自己终了一生，就是一个钉碗匠。补自己的锅，煮自己的饭。有一天，当我满身补丁仍然滴水不漏，那满身的伤疤，就是我最大的荣耀。

2015. 6. 5

白色窗帘

正午无限慵懒。柔软的东西，渐渐暴露出了她黏糊的一面。

要守住阵地，也许此刻就是一个缺口。

可正午的慵懒，很好地掩藏了她。

时间，也似乎在糖化，在无限弯垂。

她以手托腮，进入沉沉的小睡。

窗口白色的窗帘，就轻轻动了一下。

那一刻，一定有什么东西，在她的梦中出现了。

2015. 7. 2

五　月

这心碎的时刻!

花已经开过
果实正在长大

窗外的那只鸟儿
天一亮就开始叫
夜幕降临了
它还没有停下来

我经历着草木繁茂的时刻
必然也经历枯萎
我把果实捧在胸口
又任其掉落

2016. 5. 28

秋天，在一座小树林静坐

草木停止了生长，静待冬天来临。
有些叶子已经枯黄，但更多的，还绿着。
秋风一场比一场要命，但这不影响树木笔直地站立。

村庄在它的前面
流水在它的脚下
旋耕机替代牲口，奔忙在田野上
玉米已经砍光了，土地舒展而柔美

我依着任何一株树木坐下来
看白云在头顶飘过
树梢的白鹭一只只飞出去
不远处就是西汉水，河水一天比一天清澈

现在，只有秋虫的鸣叫一天比一天好听
好像身边的草丛中，藏着另一座星空

2016. 9. 4

一个人的小树林

把此刻的小树林，折叠起来
黄叶的飘落，是否会慢下来？
小鸟的鸣叫，是否会更加悠闲？

但野山鸡一定还会从草丛里钻出来，去半坡上的田地觅食
小松鼠，还会竖起警觉的耳朵，捕捉松子划过的声响
至于这刚刚绽放的小雏菊，能否坚持到第一场大雪降下来
我想，这很有可能

这只是我一个人的小树林
每天穿过城市，翻过一座山来到这里
有时仅仅是为了看一朵小花绽放
或者听山风弹奏树叶时，鸟儿们自由地谈论
也或者，仅仅是倚着一株树坐下来
感受穿过树叶的阳光，轻轻洒在我身上……

我爱这样一座小树林像爱我的生活
秋风带走的
春风会送回来

2016. 10. 19

看一枚树叶在风中飘落

不说再见
也不留恋
此刻的轻
是风的轻
也是阳光的轻

在空中经过另一枚叶子
就打个招呼
沿着风的微澜
荡过去
轻轻抱一下
珍惜每一次相遇
不说再见

有时，会顺着风的意思
飘很远的路
有时，会顺着雨的
落在草丛中
但，这都是时间的意思

想起一生
脸孔会微微泛红
心跳，会稍稍快一点

但一切，终会平静

一枚落叶呈现在风中的
也许，倾尽一生
我都无法实现

2016. 10. 19

恩　怨

风吹云绽，雨落到了人间
万里的路上，种着因缘

鸟在风中点灯，人是春花一盏
忽闪忽闪
灭了的，是我的想念

你是苦情的杜鹃，埋在路边
我是活着的传奇
骑一匹山梁走天边

茫茫的人世上，走失了一对小心肝
山梁上哭一场
从此，永不相见

天蓝得无端，路长得心颤
千里的路上走亲戚
投奔了一座父母的寺院

雨打阶前的石头，风推旧门两扇
针尖尖对着心尖尖
摸黑，绣一朵恩怨

2015. 5. 13

五月的谣曲

1

五月的一座花园
花香做了棺板

回家的路上，心有不甘
月光里漂着，一只杜鹃

前半夜叫唤，肝肠寸断
后半夜叫唤，血泪熬干

裹尸的绸缎，也有似水的流岚
一生，怎经得一次翻卷

2

月光下想你，星辰半盏
泪水中种下针尖

人面前活人，风光无限
笑脸里埋着，一声呜咽

辽阔的尘世上

心是孤灯一盏

黑黢黢的长夜里，想你
好像挖一座佛龛

3
头顶上飘着的游隼
好像逝者的亡魂

山冈上开一朵野花
好像孤零零的一个家

风雨中的一座老院
亮着油灯一盏

热腾腾的一片故土
埋下了想念

4

月光的半截窗帘
窗帘上别着，一支牡丹

花香的小蹄子，上了清风的贼船
花瓣落了半院

三年前许愿，长香烧在佛前

三年后回头，泪水不干

活生生的一场人世
活成了断崖一面

断崖上
干死了牡丹

5

谁是心头的长明灯
谁是命运的雷电

谁是你人世上的积德行善
谁是你讨债的孽缘

一辈子辛苦无悔无怨
拉扯了三个掘墓的坏蛋

热闹的人世上走了一圈
只带走了一身仿古的长衫

6

五月的槐花开在路边
长风里有一个阴魂不散

叫一声亲人风打旋
低头问一问路边的马莲

马莲，马莲
草丛里的一支蓝色发簪

荒草的长发被风吹乱
一辈子就剩下一只泪眼

泪眼中风吹云散
泪眼中雨打花残：一只哭着的杜鹃！

2015. 5. 27

远方，想着就很美好

1

倚着栏杆看水
水动
心也动

枕着青草望云
云飘
心也飘

风吹开了花朵
又将她
吹落

2

远方
我有一座木屋
野花
攀上窗台

日迟
不知夜尽

昼了
月上苍苔

岁尽
不问甲子
舒卷
随风自在

远方
我有一座木屋
想着
就很美好

2015. 3. 14

一盏灯的内心

1

轻柔的时光
缓缓滑过
我喜欢这种没有痛感的撤离

目光尽头的那道山梁
仿佛
动了一下

2

干净的
半截阳光
从窗口滑了下去

渐渐暗下来的房间里
只有那张弄皱了的床单
在呼吸

3

一盏灯亮了

黑暗，也就亮了

一盏灯灭了
黑暗，也就灭了

有时候，我和世界一样辽阔的黑暗
共用一盏灯

而生活，就是时时想要吹灭它的
——风

4

在人们都睡去后
一只鸟
开始啼叫

黑暗
像焦土
火焰的梦中一片冰凉

而一把铁锹
醒着
在发光

5

今夜
一盏灯
顶着红盖头
在等

2016. 3. 6

急诊室一夜

1

在痛苦的人群中，我也是被疼痛捏着脖子的人
消毒液、呕吐物，甚至各种体味、血渍、泪水
以及呻吟、尖叫、哀嚎的交织，像一幅斑驳的油画
在它们重叠的地方，我看到夜的凝紫，曦光
的殷红，甚至被逼迫的光的喷溅
而我，必将以一滴液体的形象，缓慢地，穿过它们

2

疼，是什么？
是无法消解的占有？是宿命的呈现？是一段必经的
历程？还是肉体对心的惩戒？
但我必须要经过科学的指认，确诊。接受一次次
陌生手指的揣摩，和模糊面孔的问询
乃至被看不见的光线切片、洞穿

疼痛让我对陌生人的冒犯和窥探
不敢有丝毫的抵触和不满
甚至在他们呵斥时，我也低眉顺目
一副没有心肝的顺从，一副婴儿般的无助和孤苦
而我终将接受一串串难懂符号和微妙数字的归纳分类

终将成为一种疼痛的代名词，而拥有人世间
一张雪白的床单

那一夜，我有求死的冲动，却无求生的欲念。
我觉得在漫长疼痛的另一端
死亡是一扇充满魅惑的门
而我的自责、愧疚、思念、绝望、不舍、委屈
都将在推开死亡的刹那得到释放
我甚至听到了梵音从云头响起，花朵，自云间飘落
蓝天下，大地干净而空旷
适合一个失去世俗重量的人，幸福地飞奔
以至飘起来，和那些洁白的云朵混在一起⋯⋯

3

我该如何消解一种疼痛在我体内固执地盛开呢？
我说忍着吧，你看那个结石病人
因为疼痛彻夜跳动
他多么希望那粒隐藏在体内的石头
能够在跳动中滑落下来
啊，那种石头落地的脆响必将是他心头最动听的声音
可汗珠缀满了额头，石头似乎并没有丝毫的移动
我每次在疼痛的间隙回头看他，都能在他
机械而滑稽的跳动中得到极大的安慰

疼痛无人会爱，但谁也无法拒绝它的造访。
每个人，都必将在一次次师出无名的疼痛中

重新审视生命和身体

活着，就必须有痛码？

那个结石病人，他能知道那枚细小的石子的来历吗？

他能通过潜伏已久的石头，对自己拥有的生活产生怀疑吗？

他站在急诊室惨白的灯光中不停跳着，像一只站立的蛤蟆

也像这凝紫的深夜里，一颗被疼痛烧红了的诡异的心

4

而我也无法对一个身负重伤的醉汉熟视无睹

当他胸佩伤口，像佩着一朵鲜艳的花朵

出现在急诊室，他满身的酒气让他对疼痛丝毫无觉

他甚至挥舞手臂，还沉浸在猜拳行令的狂想之中

可送他就诊的人，也早已遁去

出了门，就是无底的夜色

夜色似乎一直在涌动着，涌动着

把一个年轻的醉汉，和他沾满鲜血的衣服

推到了急诊室的病床上

但他坚持不了多久。

医生在查看他被利器洞穿的手臂和胸部

查看他赤裸的肉体上被击打过的伤痕

可那一刻，肉体不是医生的，也不是醉汉的

当我回过头去看他，它就似乎成了我的。似乎他逃离我

就是为了去茫茫的夜色中，寻找那把激情的刀子

寻找人间久已不在的疼痛

在酒精清洗过的伤口上，在失血的肉体内部

我一次次用自己的疼痛复原那些散逸的情节
可每一次，都会被夜色冲荡而去
徒留初冬的风，满大街毫无目的地乱撞

终于，他倒了下去，呼呼大睡了起来
那一刻，肉体不是他的
疼痛也不是
我无法知道明天是不是他的
但那张病危通知书，一定是他的！

5

青春的洪流蛮力无穷，而又泥沙俱下
在渐行渐远的中年，我必将迎来命运中无法挽回的
坍塌、崩裂，和大面积的流失
就像这疼痛，每一次袭来，都伴随着塌陷的巨响
和撕裂的尖叫。
可我能怎样呢？除了接受科学
在我非科学的肉体上一次次纸上谈兵，剩下的
只有忍受。对，是忍受。
我咬着牙，感受狂风摧折一株大树，感受道义的冰山
在现实的海面拍出滔天巨浪，感受道义和良知
一次次被剥光衣服，接受现实残酷地鞭笞
而我只能忍着，和其他半夜就诊的病人一样
等着被安抚，被编号，被死亡慢慢领走……

6

死亡可怕吗？
也许死亡会拍你的肩膀，但他却带走了和你同行的人。
当然，死亡也会带走你

目睹过无数次死亡，我对剩下的日子格外上心
凭借着爱，我寻找人间的缘分；凭借着内心的善
我寻找救赎；凭借着对美的热爱，我在内心
豢养了无数艳丽的蝴蝶。啊，我不再为那虚浮的名利纠结
我像人群中的农夫，安于粗茶淡饭，安于
天赐的幸福和苦难

我也不再对死亡心生恐惧。想起那么多爱我的人
都去了另一个世界，我甚至渴望在浪迹人世之后
在倦于漂泊之后，在对劈面的人世彻底心冷之后
大地深处的久别重逢，该是多么幸福而美好的时刻啊！

我赞美活着蛊惑了人心，而死亡呈现了真相。
那从没有人复述的盛典，体验就预示着成为秘密。
可人们仍然在为死亡哭泣，在为那即将到来的永别
肝肠寸断

我多想告诉病床对面的那些孩子
不要再那样撕扯母亲的手，不要再将泪水
流在她枯槁的身体上，不要再用冰冷的机器

和邪恶的药水阻止她离去的步伐
无论你们真心还是假意，此刻的挽留
都是残忍的撕裂

而心脏监控仪不停地报警，那刺耳的声音接近魔鬼的狂笑
而那闪烁着的曲线，一会儿波动，一会儿拉成直线
我猜测有一种引领，游离于俗世的范畴
却又对俗世洞若观火

7

和死亡相比，一个无家可归的人
我们该对他的活着表示庆幸还是同情？
当医院的安保一次次来到他的床头询问、劝说
恫吓、唆使他自行离开
可他却连自己的名字也说不上来
他身上的救济服，连同他空洞的目光、混乱的语词
也让那些体制的帮凶束手无策

我告诫他们不要呵斥。他也许只是一个暂时失去记忆的
老人，他也一定会有疼爱他的儿女和亲人
可他们并不屑于我的警告。他们一次次掀起被子
将那淡绿色的、肮脏的救济服提到我的眼前
他们似乎也将我们共同的后半生，高高举在了手上

"瞧瞧，瞧瞧，这一定是从收容所跑出来的。"
这话比那检测仪的警报声还要刺耳

可我也束手无策。我除了再一次捂紧自己剧痛的胸口
闭上双眼之外，我还能眼睁睁看着那些人
把一个无家可归的老人丢弃到夜色中吗？

我开始呻吟，开始流汗，开始不由自主地抽搐
我隐约看到几个人的身影，向我跑了过来
他们为我加注强心的药剂，并将带电的铁块
按在我的胸口……

8

我怎么了？
我会死吗？
我从很远的地方慢慢走回来，又从一团迷雾中
慢慢聚拢，慢慢成形，慢慢恢复心跳和呼吸
而我的耳边，还有人在哭泣
我努力想去握她的手，但始终没有够着
我想转过头去看她，却似乎脖子上箍了水泥的围墙
我仔细辨认，追想，直到泪水慢慢流了下来

多么好的人世啊，我爱过
却终要放弃
多么好的亲人啊，我从他们中间汲取爱，又把爱点亮
而我是一座佛龛，我把他们逐一地供在心上

9

我终于可以呼吸了，但刺鼻的气味让我烦躁
我甚至并不认为这是一次复活

我再次转过头去，看那个后半夜推进来的女孩
看她蜷缩不动的身子像极了我的女儿
可她长发遮脸，疼痛让她显得极度虚弱、疲倦而可怜
她娇小的腰肢掬手可握，可陪着她的小女孩
一直在玩着手机。直到那个矮胖的男子出现，小女孩一直
没有过去安慰过一句。期间，她替那个病着的孩子
接过几个电话，但暧昧的话语，让人蹙额

我无法怨恨那些后半夜打给女孩的电话
我却怨恨那个有点丑的男子不情愿掏钱，但终了还是掏了
他狠狠地将一沓钞票丢在病床上，就头也不回地走了

我愿夜色将他吞没！
我愿小女孩不再疼痛！
我默默看着她痛苦地扭动，好像整个世界，都在替她疼着

而各种疼痛都在交织，都在消毒液、呕吐物，以及各种
体味、血渍、泪水、哀嚎、啜泣、绝望的混杂中融合、呈现、
　又变异
它们有裹尸布一样的灯光，也有弃婴一样的日出，还有
眼泪一样的红酒，凝血一样的相认和背弃

像一幅驳杂斑斓的油画，而我正在以一滴液体的形象
缓慢地，穿过它……

2015. 11. 21

月光，还会为我送来什么？

1

后半夜，月光和我一样恍惚。

睡眠轻浅，而梦，正在变成一块块硌脚的石头。
辽阔的床榻，需要什么来支住不断倾斜和下沉的身体
才能看清，墙壁上那座月光送进来的花园

2

一座花园，在床榻前的墙壁上，好像一座月光中打捞上来
　　的梦。

每个有月光的晚上，它就会出现在我床榻前的墙壁上
枝叶交错，花香氤氲，而星辰宿眠其中，彻夜喁喁细语。
这是一个多么美好的花园啊！

3

在我中年的床榻前，月光像一驾美好的童车，为我的夜晚推
　　送来一座花园。

春天，花香会抬高我摇晃的床；夏天，星辰会从窗口落进来

而秋天的落叶，总会载着寒凉的雨滴，打在我的脸上
到了冬天，一切都会沉寂而绵绵无期。
每当天空飞雪，簌簌的落雪压弯僵硬的枝条
我的心，也会发出咯吱吱的断折之声
我真不知道，下一个春天会是谁的？

4

春天总会如期。

即使我不在，春天也会唤醒尘世上的每一座花园。
花香，还会像缭绕的薄雾一样，升腾出柔软的枝条；
靠近窗口的床铺，还会被淡淡的花香浮起；月光，还会如同
　　旧梦
把一座花园，移送到我床榻前那面苍白的墙壁上

5

月光，还会为我送来什么？

隔着一扇窗口，月光还会为我送来那丢失已久的村庄
送来埋着亲人的山冈
更多的时候，月光，会把自己送到我的床上

毛茸茸的月光，适合抚摸、依偎、叙旧
有时，月光会像村子中央被填埋掉的深井
往事的下井，会打捞上一桶桶湿润一桶桶凉

一桶桶辽阔的盈动和绝望

而月光，也会一次次埋我，在辽阔而动荡的床上

6

月光，这往事的软梯，搭在昨天的窗口。

牵牛和我一样，会趁着夜色不停攀爬
生活啊，美好的东西，都遗失在了昨天的床上

我要趁着夜色爬上去
我要用往事柔软的枝条，轻叩回忆的窗
我深信月光，一定会沿着她轻轻打开的窗户，流进去
流遍她暗香盈动的床……

7

月光，也会送来风雨。

雷电交加的晚上，柔软的枝叶，也会如刀如戈如斧如剑
枝叶间依偎的夜莺，会用纤弱的脚爪，狠狠抓住栖身的枝条。
每当此时，我都会为树梢上斑鸠巢中闪光的淡蓝色鸟卵祈祷
我紧闭双眼，攥紧拳头，和鸟儿一样，像风雨中的斗士

如果我们实在不能和巨大的风暴抗争
那美丽的鸟卵，也会在我的心上破碎一次。

我们不会抱怨生活打碎了希望，因为我们还活着。
我们甚至不会俯下身子去哭泣。

和一只风雨中丢失了家的鸟儿相比，人，是多么脆弱！
当它在第二天的枝头歌唱，也似乎为我的人生鼓起了风帆。
而落花遍地，也不是心碎。
我会轻轻归拢，置芳香于花荫，一任时光，将她带走……

8

更多的时候，月光将芳香的花园从窗口送进来，又会从窗口
　　带走。

美好的事物，都会以窗为路吗？

如果没有一面墙壁，墙壁上没有一座月光送进来的花园
我将是多么的孤寂和可怜！
如果没有月光的童车，送来暗夜里的芳香
我会是多么的孤寂和可怜！
如果没有月光的软梯，直通往事的窗前
我又会是多么的孤寂和可怜！

9

月光总会照进窗户。

月光照进窗户，我黑暗中的床，就会抬高一分
我下沉的身体，就会在消失中慢下来
总有一天，月光也不能将我挽留
那么，我会静静地躺下去，一任月光带走

如果你在暗夜听到了*潺潺*的水声
那是我正在花园漫步；如果你也闻到了淡淡的花香
那是我在用自己的往世，向你的今生问好

10

看，苍白的墙壁上，花朵正在打开。
月光的花朵，坐着今生的佛。
黑暗中，它们一一呈现，一一放出光来……

2015. 7. 10

嘉峪关，苍茫的出口

1

给苍茫一个排遣的出口
给绝望一个眺望的楼头
嘉峪关，风里的石头都嚎叫了
而眼前，还是苍茫一片

2

过了乌鞘岭，我一直都在和自己抗争
那渐渐抬升的大地
那渐渐扁平的天空
风像一个人的心，叫着叫着
也就没有了声音

3

更高的天空，没有鹰
更远的路上，也没有人
泥土夯筑的长城，大多数
都回归了泥土
而石头，却活在风中
他们坚强、固执、自信

咚咚的心跳，在等出征的鼓声

4

这毕竟是男人的走廊
沿途铺满雪一样的尸骨的碎粒
唯有死亡，可以相互取暖
长夜抱着明月
男人就抱着自己永不回头的心

5

路过夹边沟，有几截枯骨在风中奔跑
他们已经很轻了，像纸片一样
但他们一直在奔跑
活着没有逃出去，死了也没有
但他们还在跑
好像整个走廊的风，也跟着他们在跑

6

总得有一个方向
总得有一个死后瞑目的理由
总得有一个楼头，把散乱的荒凉束住
总得有一个关口，把疲惫的驼队牵过落日的针眼
总得有一个地方，叫嘉峪关

7

一路上，有好多次失声痛哭
一路上，又都是自己把泪擦干
哭一次，就是一次卸载
哭到泪水全无，心如磐石
嘉峪关，就到了眼前

8

和那些石头一起欢呼吧
和远处的雪峰一起痛饮吧
男人的酒杯，藏着明晃晃的月亮
像藏着一个女人甜蜜的肉体
今夜醉了，天下全是宽衣的声音

9

沿着一堵土墙，导游解说雄伟
许多人对这个高度表示不屑。
有人转身自拍：剪刀手。噘嘴。一脸的无知。
有人就直接踩在了城楼的肩头。
岁月多有不满，但也毫无办法。

10

在嘉峪关西瓮城门楼后的檐台上，多出来的一块砖叫定城砖。
如何让一件多余的事物拥有无可替代的尊荣地位？
定城砖下压着做人的艺术和奥秘，无人敢动
谁取下，谁将拥有被埋葬的可能

11

沿途只有石头低头走路，默不作声
有人说羊在驮砖筑城，有人说
河西的羊群都赶到了兰州城
有人却口念弥陀，打出的饱嗝膻气熏人

12

在通往关外的逼仄通道里
我与几个金发碧眼的异族人相遇
我想侧身让路，但雄关按住了我的肩膀
啊，冷飕飕的风中，全是杂沓的脚步
他们来自遥远的国度，带着财宝和种子，也带着
对文明的朝拜。我也看到驼队的背上
坐着轻纱遮面的美丽公主
她们下定了决心，要跨过雄关，去平原上生儿育女

13

这是多么骄傲的关隘啊！
城头置酒，屠驼煮月
列石成阵，对风当歌
怀想辽阔的夜色里，胡笳悠扬载酒载歌
蓝眼睛的异域女子，美丽得有些惊艳
依着骆驼温软的躯体，她们梦到了千年后的生活

14

一路走来，城市的繁华多么肤浅！
高楼的丛林里，挤满了无处栖身的鸟儿
他们在夜色的深水里蜷伏，或者在霓虹的烈焰中
疯狂地晃动脑袋。而站在嘉峪关的城头上眺望
苍茫，才是飞翔的翅膀
它逆着时光飞回去，又绕着梦想返回来
千年，也只是一转眼。谁又敢说
那冰冷的石头，不会断喝一声，跳将起来？

15

男儿白骨许未卜，匈奴胡虏皆兄弟。
不要站在河西的大地上背诵《满江红》，也不要
想着去吃谁的肉去喝谁的血

心有多大，疆域就有多辽阔
如果沿着鹰鹞的目光俯瞰
雄关，也只是岁月愣神的一方戳记

16

不到嘉峪关，男儿的心里一片慌乱。
到了嘉峪关，就去城墙的垛口站上半天
比刀子还要锋利的风，是一扇窥探的窗口
太阳落下去的地方，梦想
是两扇带血的翅膀，它已经把历史翻到了辽阔的页面

2015. 10. 17

车行河西

1

看一眼窗外，苍凉
就灌进了心上

风吹衰败的蒿草，犹如吹着
荒芜了的天堂

放羊的那个人，手拄着羊鞭
还在望

远了，远了……
痴痴的眼里，满满的
全是绝望

2

向西的大地上
荒凉，渐次铺开
铺开的荒凉
和命运有着一样的色彩

多么干净！

荒凉的大地上
除了荒凉
什么也没有

没有牛羊
没有云影
没有鹰
只有枯死了的草
被风，一遍遍吹倒

3

一截豁口的土墙
有人手指：那是汉长城！
我的心上，就掠过
一阵虚无的摇晃

两千年前，西域的风
啃你丰腴的狂放
两千年后，你成了
荒凉的一口獠牙
啃过往的目光

而长城的脚下
挖掘机和翻斗车一直都在轰鸣

4

车窗外，一望无际的戈壁上
一个裹着鲜红头巾的女人在匆匆赶路

看得见荒凉在她的四周做着鬼脸
如果她回一下头，或者停一下
荒凉，就都会将她按倒

可她没有回头，也没有停下来
她低头疾疾走着，好像我看到的荒凉和空旷并不存在
甚至当我们的车经过她，她都没有抬头看我们一眼

前后都看不到村庄，但我的担心也许实在多余。
也许，在一个行者眼里，我们才是荒凉和空旷本身

5

祁连山的月亮
是荒凉中走失的故乡

半夜里碰见
适宜以手敲击
迎风旋舞
适宜聚众小饮
慢吹胡笳

身后的骆驼流泪了
就把好听的歌儿
唱给它

6

在黑水湖畔
没有人可以用来问路
祁连山的风
一直在吹甘州城的空

此夜中秋
更西处云来
月亮就不见了

我和诗人李继宗
一起走着
从城里，到驻地
一路上没有碰见几个人

走到湖边
乌云，又吐出了月亮
满满的一湖月光
让人惆怅

但风没有停

风吹我们两个来自秦地的人
像吹两面破败的旗子
吹两棵钻天的白杨

风也吹我们头顶的月亮
像吹老骆驼脖子里
古旧的铃铛

我们呼啦啦走着
一不留神
就被祁连山的风
吹到了两千年前的旧路上

7

而河西似乎没有尽头
荒野漫卷，又舒展开去
没有什么扶得住一阵接一阵的摇晃

风一路喧哗着
渐渐没有了声响
渐渐，连空气中都弥漫了绝望
而河西，还是没有尽头

2015. 9. 29

雪　山

1

我有万吨白银
堆在远方
我远远看着
而不去动用
任她在阳光下发酵、翻滚
或者深情歌唱

我只要远远看着
远远看着
哪怕隔了一世苍茫

2

用你冷冽的眼神
鄙视我吧
用你澄澈的刀锋
嘲讽我吧

有那么多时光
已经用旧
有那么多发光的想法

已经暗了下去
大地蹙额，万物消损
而我只愿在路上

3

让我将双眼紧紧闭上吧
不要唤我
不要摇我的双肩
不要让苏醒了的痛
再流下来

那众水的源头，群峰的上方
那夜夜不息的吟唱
漾动在心头

我在尘土中安家
汗水流尽
我默守孤绝用心践诺
又将她
归还远方

4

万物都在疾驰
唯有你挥动阳光的哈达
呼唤留下

那没有说出的
那无法带走的
那撕裂之后的痛
那隆起之后的蓝
那月光下的风声
流水中的轻唤……

远了，远了
那永远都不回头的远方
看一眼
流水，就又回了冰的故乡

2015. 10. 20

鸣沙山：那些尖叫的沙子

1

那鸣叫着的
是沙子吗？

2

它们被风搬运
不能自持
它们一小再小
成为伤害

3

再大的沙子也是沙子
再小的沙山
也是山

沙子离群
风会把它带走

4

当一群沙子堆放在一起
个体的轻
构成了群体的重

万物都有锋利的另一面
沙子小到极致
就是可怕的
大

5

在鸣沙山的旁边
凿石成窟
安坐众神
有些鸣叫的沙子
来自佛的身上
佛闭口不提

有那么多飞天
她们和沙子一样多
有些在空中乱飞
有些在岩壁上沉睡

6

无数的人从远方赶过来
沿着沙山爬上去
尖叫的沙子中有他们自己
他们没有听到

7

无数的人从远方赶过来
到石窟礼佛
他们经过大千世界
内心却住不下一只小小的飞天

8

风用沙子雕塑佛颜
又把他藏起来
大寂静
守着大躁动

9

即使没有了眼泪
月牙泉，也是一只慈悲的眼睛

10

风在集合流沙
人在变成沙子
人和沙子，都不敢往细里想

11

起风了
敦煌的天空飞满了沙子

我看见那么多小小的飞天
追着沙子飞

12

初来的晚上
雪落了一地
阒寂无人的大地上
沙子似乎都睡了

天空的穹顶下
沙静鸣息
峰线圆融
宛如佛颜

2015. 10. 20

涅槃：敦煌 158 窟的梵音

1

永别之日，便是抵达之时。
周天唱彻
天花乱坠

2

落日沉江
那一颗悲悯的心
已把光
种遍了向善的胸膛

有人手执弯刀
刺胸剖腹
有人割下双耳捧在手上

心碎的
还在路上
那一刻他无缘赶上

3

落日安详!
盛大的时刻
光已醒来

合手肃立，默念圣号
心动时
琴瑟齐鸣
眼望处
宝莲盛开

4

用尘世的水
种天上的光
一枚
便是千万枚

黑夜中
光借万物
把你来想

5

我自远而来

和你相逢在异乡
人世有的
我用命品尝

6

我经历眼里的泪水
也经历心上的绝望
我经历成长
一次次
把业
种在未来的路上

我经历命运
把磨难
当福来享

我在村庄安身
认下亲人
也就认下了埋我的浮尘万丈

7

我是谁啊？
你看他食烟火
穿欲望
一本正经

又吊儿郎当

我是谁啊？
你看他谋荣华
想富贵
却内心狼烟遍地
刀戈丁当

我是谁啊？
你看他大路不走
却爬上了断头的山梁

8

你这唯利是图的粟特人
用你的七圣刀
去开他的囫囵面
去唤他的迷途心

不要让泪水和血
迷惑了你
用你的尖刀
去吻他的肉体
去拯救迷途的心

哦，让他哭吧
不要阻拦

不要搀扶
让他伏倒在永别的路口
把自己哭活

9

我们终是要分别
把吃下的五谷
还给土地

我们终是要分别
把饮下的骨血
还给泪水

我们终是要分别
把耽误了的明白
还给糊涂

我们终是要分别
把永恒的团聚
还给永别

10

一扇门已经关上
一扇门
正在打开

让那些嚎哭的人
都到外面去吧

飞天倦了
她们合起了小小的翅膀

这一次
我不再用俗世的嘴唇唤你
这一次
我要静静地
站立在你的身旁

我要是光
出现在你的脸上
我要是花
开在风上

11

永别之日，便是抵达之时
周天唱彻
天花乱坠

2015. 10. 22

这日子啊！

1

这个夏天，我想了很多
花朵谢了
而树叶绿着
何处是一个尽头啊，这绿
也让人心生懊恼

早晨已经过去
山坡已经过去
我爱着的晨风和鸟鸣
也已经过去
剩下的时间，似乎没有一个尽头

没有烦心的事，也心烦
和这午后漫长的寂静一样
一生中，最漫长的时间
正在展开
而我似乎还没有足够的准备

2

这大街上飘着雨

这雨中，仍然有人行色匆匆
灰暗的车站，不止一次
在我的目光中停下来
我真的无法知道
它是召唤？还是等待？

说不清为什么落雨
也说不清为什么大街
更说不清为什么车站
要去哪里？
还是不去？
谁又能说得清呢？

车站看着我
又慢慢转身，离去……

3

总是，在道路转弯的地方
停下来
总是，在人群中
被分离
总是，被心头的一片夜色
照耀
总是，像一面旗子
输与风
又在风中站着……

4

尽了心，我也无法拒绝
某些东西在心头落下来
比如一朵云
比如一只蝴蝶
比如一片树荫
比如烈日下渐渐远去的一个背影
比如一条清浅的河流
和它浸泡着的石头晃动的纹路
比如，这漫长的正午
和它死一般的寂静……

5

一定，有人等在风中
一定，有人孤独在人群中
一定，有人的心上
也在承受
一定，有人想哭
却低下了头

这日子啊，恨透了
心碎了
也就清静了

6

我转身停下来
又悄然离去
这和世界没有关系

道路变长
又变短
这和夏天没有关系

蝴蝶飞来
又飞去
这和心情没有关系

一定要优雅地活着
这和死亡
也没有关系

7

花朵谢了
而叶子绿着

人群散了
而脚印留着

这日子，恨透了
心碎了
也就清静了

2016. 7. 3

那一刻，风吹云散，光满人间

1

风吹云散，光满人间
那一刻，你看到了什么？

天空碧蓝如洗
哭泣已经止息
沉睡的婴孩重新上路
那一刻，你看到了什么？

轻飔的风上缀满落花
美在飘展
因为重返，万物都有了光
万物，都在轻声吟唱
那一刻，你听到了什么？

因为无知，大地开出了各色的花
因为救赎，你要把这人间重走一遍
无论飞禽，走兽
还是执迷不悟的大千
你向死的心，是孤灯一盏
那一刻，你想到了什么？

而风吹云散
光，照在了人间

2

你借万物
万物借你的光
谁把你揽在怀里
谁就是你的亲人

阳光照你
你照万物
有人以酒买醉
有人流着屈辱的泪
有人伸手拦车去远方
有人走累了，就在路边坐下来
你看这人世，总是一片繁忙

3

你说"我来了"
万物就把心上的门窗打开
有人心上有教堂
有人心上有牢房
你说"我来了
你们都把门打开吧！"

那一刻，风吹云散
光满人间

4

你终是不舍
你终是经历了心碎
还要见证荣光
你带着光
站在万物的身后
向死之时，必是重生之地啊

那一刻，风吹云散
光满人间

2016. 5. 23

深山访竹溪老翁

1

想起竹溪老翁在深山，满坡的叶子
就都红了

2

一群野鸟，呼啦啦飞起，掠过野马河谷
在罗家坪的山坡上停下来
高大的山萸树上，就多了一些会唱歌的果实
它们的叫声甜而多汁
它们的翅膀闪着光

3

一枚枚熟透了的山萸果从空中落下
秋日的阳光会被砸开小小的波纹
等不得冬日来临，野鸟和大尾巴松鼠会吃光这些甜蜜的果实
也有一些会落在草丛里
第二年，小小的芽钻出地面，它们和野草没有区别

4

这些会唱歌的野鸟，和有着甜蜜果实的山萸树
是罗家坪的恒久住户
也是竹溪翁的左邻和右舍
它们在渐渐变凉的天空下
一起等着果子变甜

5

而罗家坪的山萸果已经变甜
有些已经开始掉落
通往竹溪翁家的那条小路上
红红的山萸肉让空气中弥漫着淡淡的酒香
好像藏着一座古老的酒坊

6

竹溪翁毕竟年逾古稀，发白如菊
有些诗句写到一半就会忘记
这并不影响那些残章断句串起来的时光
抵得上一座旧祠草堂
时时想起，犹如风吹花落
池满香动

7

路过三盘就渐趋平缓
在小路转弯的地方，竹溪翁手握拐杖，伫立在小路中央

"知道你们要来，他出出进进一个早上了。"

看见我们，他加快的步子让人有些担心
但山鸟啾鸣，阳光杂乱
身旁红红的叶子都闪着幸福的光芒

8

土炕已经烧热
油茶已经揩上
一只雄鸡来不及喊出的朝阳也早已烂熟锅内
他嗫嚅的嘴唇终于也说不出几句滚烫的话
而他抬手一指，满坡的叶子早已红成了沸腾的海洋

9

"金龙可好？……"
"张宁可好？……"
他的询问总是时时陷入茫然。
有时，他问到一半就忘记了
剩下的部分好像被风吹散

10

但也有让他灵光乍现的话题。

谈及旧时文人在清福寺对对子，有人出联"月明星稀刚子
　　夜"，无人能对，扶乩请神。
当他闭上眼睛说出："今日联，明日联，为点小事把吾参。
眼前对子有一联：云淡风轻正午天"
恍若他就是隐身在月光中的神仙

而当他摇头晃脑说出："我乃武将家风，不识文事，为你一副
　　对联，跑了一回东海岸上，请教了洞宾先生。"
他恍若又成了死去千年的杨四爷
"木易杨将军，神是神，人是人，神岂能为人乎？"
"古月胡先生，尔为尔，我为我，尔焉能昧我哉？"

如此绝对，那漫天的月色
也似乎都来自他灿然的白发深处

11

越过窗外的土墙，远处就是毛羽山系起伏的山梁
在它巨大的褶皱中，竹溪老翁成长、教书
如今儿孙已长，命近黄昏
他却说这是人生的黄金时期
又为此写下许多滚烫的诗句，含笑老去……

12

离别时，他站在路口朝我们挥手
那些吃饱了的鸟雀，就站在他头顶的树枝间鸣叫

人生总有许多不舍，却不得不转身离去
竹溪老翁已经老去
而我正在老去的路上
那些红了的树叶，有的已经凋落在了地上，有的还挂在枝头
更多的，却一直飘在我想起他的风中……

                    2016.11.22 于天宝高速公路

孤独是一个动词

商　略

　　孤独是一个动词，当它生发于人的命运时。孤独难以言说，因命运的难以言说。仲尼门徒曾归纳夫子一生，"罕言利，与命与仁"，而朱子亦有"听我之命者，天也"的感慨。司马迁在《外戚世家序》中说："孔子罕称命，盖难言之也。非通幽明之变，恶能识乎性命哉！"伟大的孔夫子、朱夫子犹难以言说，况我等凡夫呢。而命运难言，却不妨害我们用自身的体验，去唤醒自己的生命意识——即我们还活着。但很多活着的人，都忘记了这一点。这一刻，唤醒我生命意识的，是一个动词的"孤独"，也是包苞在《这日子啊》中的一行诗，"一定，有人孤独在人群中"。是啊，孤独！孤独！难以言说的孤独！

　　再有几天，我和包苞相识就整整十年了。2007 年 10 月，我参加诗刊社第 23 届青春诗会，和包苞被分在同一组，在周所同老师门下。在燕郊斋堂，在所同老师的房间，我们每天晚上都聊到凌晨。包苞不抽烟，却也时时陪着我和所同老师一起点上，陪我们在小房间里烟雾缭绕。回来的前一天，他把行李包里剩余的香烟都给了我。他是个淳朴宽厚的人，他的身材、谈吐和诗作，都有着一致的淳朴宽厚。因而，让我这样一个不愿见世面的人，感到了踏实和舒服，并让我们的友情一直延续着。

　　我和包苞，都生活在各自的小县城，一个在会稽故越，一个在陇南故秦。生活在小县城的好处，是可以更深入地体会世俗生活，并把感官深入到生命的繁复细节之中。就像包苞说的，"我经历着草木繁茂的时刻/必然也经历枯萎/我把果实捧在胸口/又任其掉落"，或者"身边的草丛中，藏着另一座星空"（《五月》）。如果不是小县城的小，不是小县城的世俗，不是小县城的安静，又怎么能体会得到呢？

但是这一切，在某一个时间段里发生了改变。包苞对于生命体验的更强需求，以及对于生命意识的更多思考和探求，似乎出现在 2015 年 10 月。说得更准确一些，这应该是"爆发"而不仅仅是"出现"；这是在敦煌 158 石窟，而不仅仅是 2015 年 10 月。就在这以后，他诗歌的质地更加细致精密，语言更加沉静简练，而其中蕴含的悲喜却更加强烈。

如他的《涅槃——敦煌 158 窟的梵音》一诗，起句是当头棒喝的"永别之日，便是抵达之时"。永别于此，即永在于彼，个体生命在两者之间轮回着。而凡人常是只知此而不知彼，或只知彼而不知此，诸多执念由此而生。首句明明是觉悟，包苞随之在下一小节中坦陈了一时的迷惘和伤心——"心碎的/还在路上"。

我曾经和他深入讨论过这一首令人困惑又令人清澈的诗歌。2013 年，包苞经历了父母一月之内双双离世的人间沉痛，接着在长达两年的时间里，他闭门不出。父母不在的孤独，是人世间最大的孤独。这样的孤独，每一个人终要去接受，但对于包苞来说，来得太早、太残酷了一些。年过四十，我们仅仅是不惑。而过了五十，始能知天命。

直至 2015 年秋天，他计划西游，从他生活的礼县，至同省的敦煌。我在网上查过自驾的路线，尽管同省，里程却长达一千四百公里。当我搜索到这个里程数时，又一次跳出来——"心碎的/还在路上"。我曾试图通过这一组诗歌中的地名、日期和情绪，拼凑他的西行片断，比如在沉痛的落日之下，当"光已醒来"，当

"合手肃立"，他看到了什么听到了什么？又感悟到什么？——是"我们终是要分别/把吃下的五谷/还给土地"？是"一扇门已经关上/一扇门/正在打开"？还是"用尘世的水/种天上光"（已上三句皆引自《涅槃》）？

包苞曾说，在敦煌第158窟，四面皆是哭丧之像，而涅槃的佛祖却有着一个婴儿般的嘴唇。《世说新语·言语》载，天才的顾敷在观看佛般泥洹（意圆寂）像时，有"忘情故不泣，不能忘情故泣"之语。有情即是有执，觉有情即是菩萨，也即顿悟。我觉得，包苞在这一刻"永别之日，便是抵达之时"的顿悟，几乎可与顾敷媲美。《涅槃》一诗，在收尾之时又敲响了这个句子，似乎使整首诗歌构成一个自足圆满的轮回。读到此处，我在想，什么是抵达之后呢？也许，我们可以用他的"我停下来，希望/被光照见时，干净如初"，作为一个答案。如此，既健康又强大。

我一直相信"顿悟"的存在，就像我相信"顿迷"的不曾缺席。我想起包苞的一首诗，标题是"我有刹那间的悲伤与绝望"。我们活在无数个刹那之中，刹那是悲，刹那又是欢；刹那是悟，刹那又有迷。令人愉悦欢乐的，我们就享受着这一刻。令人悲伤绝望的，"忍过这一刻，也许就好了"（《我有刹那间的悲伤与绝望》）。并且，他用他刹那的顿悟，使作为读者的我也获得了同样的体会。

我一直以为，伟大的诗歌总是给人启发和唤醒。我也一直以为，包苞正朝着这样的伟大，一步步地靠近着，用他的思辨，用他的诚恳，用他的小县城的光芒，用他的作为动词的"孤独"。

商略，作家、学者。浙江余姚人。曾参加《诗刊》社第二十三届青春诗会，获《诗刊》社2012年度诗人奖。出版有诗集《南方地理志》《南方书简》，及学术专著《有虞故物——会稽余姚虞氏古覺墓志汇释》（上海古籍出版社）。近年主要从事经学研究和古籍整理，已整理文献有《宋玄僖集》《姚江诗综》等。

养水仙

周公度

一个诗人的关键词，就是他的全部内心。

> 秋风里的老虎、傍晚的水面、野草莓的山坡、
> 岩石中的彩翼、瓢虫背上的星座、
> 夜色中的小路、午夜的寂静、翠鸟翅膀里的闪电、
> 落日覆盖的小镇、暴雨过后的水珠、
> 秋虫的乐队、泥土中的篝火、踱步的小鸟、
> 窗台上的喜鹊、楼头的落日、迷人的小灯盏、
> 逆光的树叶、龙胆花心的大海

这些自然的静寂之美，银光粼粼的瞬间，都溶解于诗人包苞对日常微物的发现中、体悟中。如果将这些形象勾勒一下，会有一幅立体的图景，就可以借此分析出包苞所有的秘密。但包苞的写作毕竟超出了区域谣曲的定义。他走得更远，内心更隐秘，在这明丽绚美的景象之上，还有一种决义，一种任侠之气，一种隐约潜行的轻：

> 鸟声里的空山、枯枝上的八大山人、黑暗的淡光、往事
> 的软梯

这是春风浩荡的三月之心啊！土地开阔，万物萌动，如冰川坚硬的土地趋向柔软，内心肆意的春水却早已"习惯逆来顺受"，在盛夏依然可以保持一颗看云的心。

> "更多的时间我不说话，静静坐在星空下
> 像一粒石头，坐在一群石头中间
> 只有风，在我们中间不停搬运着命运……"

坚韧啊！坚忍的意志体现于对美的阐释中，弥散在二十四节气之内，分布于所有的流水浮云之间。如果花是香的宫殿，那就不说心中之冷，只需期待沉醉之时，重新温习那些更为动人心灵的一日六时：

> 一份菜谱：
> 清炒槐芽
> 对妻子的一声抱歉
> 旅馆中的炉火与沙发
> 以及——
> 松子滑落的声响
> 山风的弹奏
> 牡丹与芍药的区别

当然也有心碎痛饮的时刻、女人甜蜜的肉体与漫长的独自哭泣之路、默不作声之路。他善于隐藏这些。优秀的诗人总是如此，花朵之下是泪水，群山之下是小兽，闪烁其词的罅隙即是他欲言又止的寸心微意。但也因为有这些沮丧，所以美景弥足珍贵。

然而小兽柔软，也有锋利牙齿的未来。

这是另一个自我。另一个包苞。是源自佛陀与菩萨的悲心。

悲心生爱。此爱宽阔,遥无边际,如小花生于沃野。

他去除了内心的杂草与砖块,忘记了所有目睹的疯狂与贪婪,压制住内心的恶魔,只留下水仙之梦。与对一匹马的热爱。

他不是小银匠,他是树林中静坐的大禅师。日常之中,心性越发率意,照应着他诗句中的沉潜。并非情绪的此起彼伏,而是情感的云生雨降。是自然本身。

这是我喜欢的诗人包苞。

在古意的西汉水上游,遥望苍茫关隘,逶迤的祁连山脉,记录下风的样子、夜的样子、树枝的样子、月光的样子与所有的醉酒之夜。

当然还有一段昔日的薄霜之路。

一座完美的内心花园,绰约呈现。

2017.7.27 上海

周公度,诗人、作家。曾主编《诗选刊》《佛学月刊》杂志。著有诗集《夏日杂志》《食钵与星宇》,诗论《银杏种植——中国新诗二十四论》,随笔集《机器猫史话》,小说集《从八岁来》,童话《鲸鱼来信》《老土豆》。译有《鲍勃·迪伦诗歌集》(合译)、《旋转的月亮——叶芝的童诗与故事》《俳句之书》(杰克·凯鲁亚克诗集)等。

后　记

　　在浙江宁波东极岛上，我收读了关于这本诗集的最后一篇文字，此刻是凌晨四点，再过一会儿，我就要去迎接中国大陆居人岛最早的一缕晨光了。

　　这本诗集，不同于以往的结集，我采用了分辑，并请了朋友逐辑荐读。我知道，应允为我的诗做荐读的，都是我一生中灵魂相拥的师友，他们为文为人，都是我学习的榜样；而我也深知，在他们的荐读中，会有我努力的方向，这也是我选择他们的初衷。

　　表面看来，每一篇荐读都充满了对我的肯定，但我深知，理解它们，要站到相背的角度去理解才对。比如阳飏老师在他的荐读中引用了海德格尔的话"在这贫乏的时代做一个诗人意味着：在吟咏中去摸索隐在的神的踪迹"，这无疑是给我的创作指出的方向。比如夫刚兄在他的荐读中这样说：包苞作品中温柔超标的那一部分，虽然为他赢取了掌声和拥趸，但弗罗斯特"终于智慧"的写作教诲始终具有比"春风十里"的常规抒情更为含蓄的杀伤力，在几近不设门槛的网络时代，我们见到的以诗歌名义获取浅表性欢乐的爱好者不是太少而是太多了。这样的话除了给我带来振聋发聩的觉醒，更大的却是一种今后写作中的矫正。比如所同老师说：写这类直接针砭时事、鞭笞丑恶、揭示人性深处的某些阴暗，是诗人为自己设置的更高难度的写作，要考验一个诗人的综合素质和功力：其一……以上所说，包苞做到了，而且做得挺好！我知道这是鼓励的话，关于这类题材的写作，我处理得不好，太平面化太情绪化，而所同老师所肯定的，恰恰是我今后要努力奋斗的。又比如商略兄说"我一直以为，伟大的诗歌总是给人启发和唤醒"，这恰恰也是我的诗歌所缺乏的。我的好多诗歌，读过也就结束了。该读者来完成的我替他们完成了，这是一种写作上的不成熟表现，但是通过他的提醒，我认识到了。又比如永盛兄在他的荐读开篇便指出：在20世纪末，诗歌的"真善美""诗情画意"一度被"死亡"和"冷漠"代替，仿佛只剩下吼叫和呻吟才是"绝望、痛苦"的诗人唯一选择。即便进入21世纪，诗歌界蔓延的仍是或冷静书写或近乎叙事的言说。源于这样的印象，我一直以为大多数的诗人已没有或者假装没有了抒情和赞美的能力……这不仅指出了时代之弊，而且敲响了我写作中"跟风"的警钟。至于荐读中又加入了章泥兄的一篇，在单篇作品后面加入了诗人叶文福对我诗歌的点评内容，主要是因为他们的点评有助于对我部分诗歌的理解，也有我自己认为要在诗歌中坚持的东西。而公度兄的大作本来是要作为最后一辑的荐读，但是他文章写成却是统观全书，所以放在后面作为全书的荐读更加妥帖。

所有的文字整理完毕，秋已经很深了。回头细想这本诗集，评论的部分已经远远大于了诗歌本身的分量，这也是我所欣慰的。我常常会想"为什么写诗？"此前，为发表，为名声，为虚荣，现在，这一切都散了，都不在了。我甚至为曾经的想法感到羞愧，恨不得把那些发表了的文字撕下来吃掉！现在，我只为呈现一种真实而书写。一种生命的、生活的、灵魂的、情感的真实。而越是朴素的表达，越是靠近这种真实。

万物都有迷人的面孔，只有真实，才是上帝的杰作！

2017年8月24日

图书在版编目（CIP）数据

远路上的敦煌 / 包苞著. -- 武汉：长江文艺出版
社，2021.6
ISBN 978-7-5702-2049-6

Ⅰ. ①远… Ⅱ. ①包… Ⅲ. ①诗集－中国－当代
Ⅳ. ①I227

中国版本图书馆 CIP 数据核字（2021）第 044433 号

远路上的敦煌
YUANLUSHANG DE DUNHUANG

责任编辑：胡　璇　　　　　　责任校对：毛　娟
封面设计：源画设计　　　　　　责任印制：邱　莉　　王光兴

出版：长江出版传媒 长江文艺出版社
地址：武汉市雄楚大街 268 号　　　邮编：430070
发行：长江文艺出版社
http://www.cjlap.com
印刷：武汉市籍缘印刷厂

开本：880 毫米×1230 毫米　　1/32　　印张：6.375　　插页：2 页
版次：2021 年 6 月第 1 版　　　2021 年 6 月第 1 次印刷
行数：4836 行

定价：48.00 元